新潮新書

村尾泰弘

MURAO Yasuhiro

家裁調査官は見た

家族のしがらみ

676

新潮社

家裁調査官は見た——家族のしがらみ◉目次

第4章　「家族神話」のダークサイド　139

はじめに――夫を毛嫌いするミサコの訴え

ミサコ（30代）は離婚を求めて家庭裁判所にやってきた。

ひたすら強く離婚を求めているが、夫に離婚の意思はない。すると協議離婚は成立しないため、家庭裁判所を訪れたのだ。

しかし、制度上いきなり離婚の裁判は出来ない。まずは調停を行うことになる。簡単に言うと、家庭裁判所（調停委員会）が中に入って夫婦が話し合いをするのだ。

だが、裁判官をはじめとした調停関係者は一様に首をひねった。ミサコが夫を毛嫌いする理由がはっきりとつかめないのだ。

夫は一流大学出のエリートサラリーマン。酒乱でもなければ、浮気をしているわけでもない。ギャンブルをするわけでもない。暴力もない。むしろハンサムで優しげな印象の30代男性だ。

そして夫本人は、なぜそこまで自分が嫌われるのかまるでわからないというのだ。

そこで調停を運営する調停委員会は、家庭裁判所調査官（家裁調査官）である筆者にこの夫婦二人の気持ちや意向を調査するよう要請したのだ。

ミサコが8歳年上の城島サトルと出会ったのは職場だった。サトルは将来を嘱望された前途洋々の青年で、そんな彼と結婚できたことにミサコは誇らしい思いもあったが、彼女がひかれたのはなにより優しそうな彼の性格だったという。

サトルは一人息子で実家は地方にあるため、夫婦だけのアパート生活が始まった。周囲から見ると何不自由のない生活のように思われたが、ミサコはやがて夫の母との関係に疲れるようになった。

「お義母さんがしょっちゅう電話をかけてくるんです」

そんな義母に気を使いすぎて軽い円形脱毛症になってしまったというのだ。さらに彼女の「義母像」は変化していく。

「最初はとても親切で面倒見の良い方だなと思っていた」のだが、「息子にべったりのお義母さんだなあって思うようになって」。「面倒見がよいと思っていた」ことも、見方を変えると、「とても気位が高くて自分勝手な人だなって思えるようになってきた」。

やがて彼女は妊娠し、無事、長女を出産した。ところが、この出産がまた彼女を苦しめるきっかけをつくった。

出産後、義母は毎日のように電話をかけてくるようになったのだ。ミサコはそれが嫌でたまらなかった。特に夫が甘ったれた口調で母としゃべっているのを見るとむしょうに苛立ち、鳥肌が立った。

そうこうするうちに一つの事件が起きた。雑魚寝《ざこね》事件だった。この続きは第1章で述べよう。

このように調停にあたって、当事者の真意がはっきりしないとき、あるいは中立書等の資料だけではその内容や問題点が充分把握できないとき、家裁調査官が当事者から直接、事情を聞くことがある。

面接で明らかになった事柄は、報告書のかたちで調停委員会に報告するほか、専門家として調停に立ち合うこともある。その後も、必要に応じて当事者の心理的な調整を行うほか、社会福祉機関と連絡調整をとったり、情緒の混乱や激しい葛藤の見られる当事者に対しては、理性的な状態で手続きに関与できるように働きかける援助活動も行う。これらはいわゆるカウンセリング的な活動といってもよい。

この家裁調査官という仕事、読者の皆さんにはあまり馴染みがないかもしれない。全国の家庭裁判所に所属する専門職で、地方裁判所や簡易裁判所には存在しない特殊な国家公務員職だ。

地方裁判所や簡易裁判所、家庭裁判所には、裁判官や書記官が存在するのは一般によく知られている。彼らは法律の専門家だが、これに対して家裁調査官は人間諸科学の専門家と言える。心理学や社会学、教育学、社会福祉学などを身につけた専門職なのだ。

筆者は、家庭裁判所調査官を約17年間務め（家庭裁判所調査官補を含む）、さまざまな家庭問題や少年非行の問題解決に関わってきた。現在は立正大学で教鞭を執りながら臨床心理士・家族心理士として、個人や家族のカウンセリングに従事している。

近年つくづく感じることがある。

「家族がしがらみとなって自分を縛る」と訴える人の何と多いことか。

現代の家族が見せるのは決して明るく微笑ましい光景ばかりではない。むしろ、重く息苦しい場所になっている。介護殺人という言葉すら存在するようになった時代なのだ。

家族は安らぎの場であり、支え合いの場ではなかったか。ところが、いつのまにか家族は子どもの自由、ひいては命まで奪う怪物に姿を変えてしまった。悲しいかな、「しがらみ」に堕してしまったのだ。

しがらみという言葉は、通常、まとわりつくものというネガティブな意味で使われる。しかし、「しがらみ」の語源を調べていくと、意外な事実に辿り着くことをご存知だろうか。

元来、「しがらみ」は「柵」と書き、川につくる仕掛けを意味するものだった。広辞苑には、「水流を塞《せ》きとめるために杭《くい》を打ちならべて、これに竹や木を渡したもの」とある。つまり、川の勢いをゆるめて我々の生活を守るものだったのだ。まさに家族本来の役割も、これと同じではないか。ではなぜ、守りの場が家族一人ひとりを縛る装置に変わってしまうのか。

本書では、筆者がこれまで直面してきた様々な家族の事例を紹介しながら、臨床心理学の視点から、家族のしがらみという怪物の正体を解き明かしていく。そして、この家族というしがらみを乗り越えるためにはどうすればよいのかを考えていきたい。同時に、家裁調査官の仕事の模様に触れていこう。

筆者は家裁調査官の職を離れて18年になるが、読者がいま最前線に立つ約1500人の家裁調査官の努力や献身に触れて下されば望外の幸せである。

なお、本書に登場する名前はすべて仮名であり、事例を特定できないように内容の一部を改変するなどの加工を施した。これらはすべてプライバシー保護の観点から行ったことである。また、本書は家族のしがらみとその対応法を論じるのが主たる目的なので、筆者が家庭裁判所時代に対応した事例に加えて、臨床心理士・家族心理士(カウンセラー)として出会った事例も含めた。それらの点をご了承頂きたい。

第1章

感情転移という「怪物」

「雑魚寝事件」の急展開

夫を毛嫌いするミサコの話を続けよう。

ある日、サトルの両親が夫婦宅を訪ねてくることになった。可愛い孫の顔を見てゆっくり過ごすためだ。ところが彼らを迎える夫婦の考えには、大きなズレが生じていた。

ミサコは夫に相談なく、義父母のためにとホテルをとったのだ。

やがてそのことを知った夫は激怒した。ミサコはとにかく嫌だと反論した。

「だって、ここは狭いアパートじゃない。お義父さんやお義母さんに泊まって頂くだけのスペースだってないじゃないの」

「なに言ってんだ。僕たちは家族じゃないか。泊める部屋がなければ、みんなで一緒に寝ればいいじゃないか。わざわざホテルに泊めるなんて水臭いよ。雑魚寝でも良いから、うちに泊まってもらいたい」

ミサコは雑魚寝だけは絶対嫌だった。

夫婦の口論は続き、やがて、この雑魚寝事件を契機に妻は子どもを連れて夫の元を離れた。別居したのだ。

こうしたミサコの話を聞いた筆者は、しかし……と考えた。

支配的で過干渉な義母が嫌だというのはわかるが、それで円形脱毛症を生じたり、枕を並べることまで苦痛というのはいかがなものか。なぜ、ここまで彼女は夫の母を嫌うのか。なぜ、別居までしなくてはならないのか。

やがて面接が深まるにつれて、彼女の生い立ちが語られるようになった。そして、今まで見えなかったものが見えてきたのだ。

ミサコは裕福な農家の長女として生まれた。父母は彼女に厳格で、とりわけ母親は厳しかった。

「母は私をむりやり型にはめ込もうとする人でした。私はずっと母の言いなりのまま大きくなりました。反抗できなかったんです」

そんな彼女が、高校進学の時、進路をめぐって「生まれて初めて反抗した」という。

「母はどうしても進学校のA高校へ行けと言いました。しかし、私はそれを拒否して全寮制のB高校へ進学したいと主張しました。私は生まれて初めて母に反抗したのです。

それは早く親から離れて自立したかったからです」

こうして彼女はB高校へ進学した。ところが高校では親だけでなく、教師にも反抗し、寮の規則を破って何回か停学や謹慎処分まで受けている。それまでの彼女からは信じられないような生活ぶりに、母親は彼女の前で何度も涙を見せたという。

彼女の反抗は、家を出るだけでは終わらなかったわけだ。

「良い子の仮面をむしょうに脱ぎ捨てたかった」

「母から支配される無力な自分が非常に嫌だった」

「良い子を強制されて傷ついてきた」

このようにもミサコは語った。彼女にしてみれば母親から自由になるには、それこそ血みどろの反抗をする必要があったのだ。

そんな彼女が、サトルとの幸せな結婚後に目の当たりにしたものは何だったのか。

「夫は良い子を強制され、母親に完全に支配されている」という現実だ。

それは一番見たくない自分自身の姿ではなかったか。

「必死に抵抗して勝ち取ったはずの自立が、ここにはない」

「この人と一緒にいたらまた、本当の自分が無くなってしまう」

毎日見るサトルの姿は、一番見たくない自分自身の姿と重なり合い、ミサコにはこの状況が耐えがたいものになったと考えられる。このようなケースは意外と多いのだ。

「母が重たい症候群」「娘が遠い症候群」

このミサコのように、母親にしがみつかれる、つきまとわれると訴える女性が増えている。筆者は、この現象を「母が重たい症候群」と呼んでいる。

母親が娘に、「不満の聞き役を強要する」「自分の夢の身代わりを求める」「『お前だけは私の味方だよね』と言い含める」などして自由を許さないのだ。好きな男性ができても、出身大学はどこか、職場は一流かなどと問い詰め、交際の足を引っ張る。

一方、成人した娘が冷たいと嘆く母親の例も多い。はがきや手紙を書いてもなしのつぶて、電話をかけてもそっけなく切られてしまう。母親にしてみれば、娘は冷たくて遠い存在になってしまったというのだ。筆者は、これを母親の立場から「娘が遠い症候群」と呼んでいる。

かつては息子のマザコン、すなわち母と息子の密着が取り沙汰されることが多かった。テレビドラマのキャラクターから「冬彦さん現象」の名前がついていたことを記憶されている人も多いはずだ。時代は流れ、今では母－息子関係よりも、母－娘関係が重くのしかかる時代になってしまったのだ。その背景には何があるのだろうか。

良きにつけ悪しきにつけ、「家制度」の名残が関わっているだろう。

第二次世界大戦前までは、日本は「家制度」をとっており、原則として長男が家督を継いで家の存続を守った。長男の嫁は家に嫁ぐものであり、家を守るために子どもを産んだ。敗戦後、「家制度」は廃止されたが、様々な形でその名残が存続した。老いた親の面倒を見るのも長男である場合が多い。結婚の際にも、女性が姓を変える「嫁入り」が主流として残っている。

そのなかで母親は長男と結びつき、嫁を支配し、家を牛耳った。この名残がかつての母と息子の密着の背景にあるといえる。

しかし、時代の流れと共に、そうした名残は確実に薄れてきている。筆者が勤務する大学で、きょうだいが女子ばかりの学生に「婿養子をとるように言われているか」と尋ねても、大半は「そんなこと考えたこともない」と小首をかしげる。男女を問わず、墓を守るなどという姿勢もきわめて乏しいのだ。

そうなると、母親は嫁よりも実の娘に依存することになる。自分の老後の世話などを考えて、気心の知れた同性の子どもである娘に密着するのは自然の流れだろう。

時代の流れで、自由を謳歌する女性が現れる一方、それが思うように出来ない女性も出てくるのは当然だ。彼女たちはそうした愚痴も娘に漏らし、娘に甘えることになる。そして家制度から解き放たれ社会参加をはたした女性たちにしても、新たに直面するのは、自分の無力感だろう。生き生きと働けない、自分の思うように生きていけないことで失望する女性は多い。その欲求不満や自己愛の満たされなさをぶつけやすいのも、実の娘ということになるのだろう。これらが「母が重たい症候群」の正体なのだ。

このような現象は日本に限ったことではない。「女性の幸せは男性次第」と考える依存心が、実は女性自身にあることを指摘した『シンデレラ・コンプレックス』の著者コレット・ダウリングは、母親と娘の密着と葛藤の背景に、完全(パーフェクト)好みの母親のナルシシズムを満足させるために、母親が娘を利用しようとする心理を説明している(『母と娘という関係』三笠書房)。

自分の自己愛を満足させるために娘を利用するという点では、「母が重たい症候群」や「娘が遠い症候群」の背景と共通している。

ただしこれらは見方を変えると、母娘間だけで問題が生じているシンプルな構図と言える。一方、先述のミサコのケースはもう少し複雑だ。

幼い頃からの母親への強い負の感情が、いまになって夫や義母への感情に関わってきていることが分かってきたのだ。

本章でお話ししていくのは、感情転移という心理的な現象である。深刻な人間関係のもつれには、その人が抱え込んできた身近な人物への強い感情がからんでいることが少なくない。人はときに、親やきょうだい等、過去の重要な人物に対して感じていた感情を現在の人間関係に移し換えてしまうのだ。

感情転移とは本来、心理的な治療の場面で、クライエント（来談者）が身近な人に感じていた感情をカウンセラーに移し換えてしまうことを指す。よくある例は、たまたま担当になったカウンセラーを「最大の理解者」「恋人」と思い込むことだろう。

しかし筆者は、数々の家族の問題を見聞きしてきた経験から、日常の人間関係にもこの感情転移が深く関わっており、さまざまな人間ドラマを生み出していると考えている。そこで本書では広い意味で、感情転移の言葉を使用していきたい。

カウンセリングの「魔力」

面接を経ると、ミサコの態度に大きな変化が生じてきた。

離婚を主張して止まなかった彼女が立ち止まって考え始めたのだ。一緒にやり直したいという夫の言葉に一切耳を貸さなかったのが、もう一度、結婚生活を考え直すと言い出した。この変化に夫は驚いた。

カウンセリングはある目的に向かって説得することではない。クライエントが自分本来の気持ちや考えに気づいていくことを重視するプロセスであり、そのために援助するプロセスでもある。

家裁調査官が大事にするのは傾聴だ。傾聴を土台に行われるカウンセリングは、時として「魔力」を発揮する。周囲の説得を一切受け付けない人が、傾聴によって引き出された自分のこころと対面することによって、原点に戻って考え始めるのだ。自分の本来の気持ちに気づいた人が、素直になっていく様子は想像して頂けるだろう。

説得は時に相手のかたくなな意地を引き出してしまうが、カウンセリングは逆に、意地から解放するのだ。

ケースによって臨機応変に対応するのだが、この件では筆者はミサコとサトルを別々に呼び出しながら面談を重ねていった。

サトルはこの経過の中で、ミサコの生い立ちを初めて知った。それまでミサコは実家のことを通り一遍には話していたが、親との血みどろの確執については、一切口にしていなかったのだ。

本当につらいこと、耐え難い悲しみなどは、なかなか口にできないものだ。

例えば、精神的に深いダメージを受けたり、精神的に疲弊している人に、「大丈夫？」と訊いてみたとする。意外なことに、もう限界に達している人に限って「大丈夫」と答えたりするのだ。「つらくて、もうだめなんだ」という返答はなかなか返ってこないのが現実だ。

一般に、つらければつらいほど声高に他者に助けを求めると考えがちだ。しかし、他者にＳＯＳを発するにも、ある程度の精神的なパワーが要るのだ。これは、長年カウンセリングに携わってきた筆者の実感でもある。

サトルも、ミサコが実家に対してきわめて冷淡な態度をとっていることを不思議に思っていたが、その裏にこのような事実があることには全く気づかなかったという。すべてを知ってからサトルのまなざしは変化した。妻の孤立無援感に共感し始めたのだ。そして、自分の一挙手一投足が、彼女にどのように映っているかを考えるようになった。

もっとも大きく変わったのはミサコだ。彼女は今まで封印していた自分のこころの中を改めて直視し始めた。そして、自分自身の苦悩と夫への思いとを、それぞれ切り離して考えることができるようになった。

そして、こう語ったのだ。

「私自身が一番自立できてなかったんですね」

この夫婦は、もう一度やり直すということで、我々の前から去っていった。

乳幼児の愛と憎しみ

母親とは、子どもにとって人生で初めて出会う人物だ。母親は子どもが最初に愛を向ける人物であると同時に、最初に憎しみを向ける人物でもある。

メラニー・クラインらを中心としたイギリスの精神分析学者たちは、子どもの精神分析を通して乳幼児のこころの世界を解明しようと努めた。彼らによれば、あどけない乳児のこころの中にはおどろくほど複雑なこころ模様が展開されているのだという。

生後間もない乳児は、対象を一つのまとまった全体対象として認識することができない。同じ母親であっても、お腹がすいたときに乳を与えてもらえれば、その乳房は良い乳房（母親）、自分の空腹を満たしてくれない乳房は悪い乳房（母親）というように、それぞれがバラバラのものとして体験される。

やがて歯が生えると、悪い乳房には噛みついて攻撃するということも始まる。まだ理性などは形成されておらず、欲望のままに乳が欲しいときにはどん欲にむさぼり、飲み尽くそうとし、満たされないと火がついたように泣く。噛みつくときにはむき出しの敵意を向ける。

乳児は、同じ母親に対しても一瞬一瞬バラバラな愛憎劇を繰り返している。しかも、その一瞬一瞬を生きるか死ぬかのドラマとして生きているのだ。

「いないいないばあ」の遊びをご存じだろう。

赤ちゃんの前で手で大人が顔を隠す。すると赤ちゃんは不安な顔になる。手を開いて顔を出すと、赤ちゃんはにっこりと笑う。これは顔が隠れたとき、赤ちゃんは大人がどこかへ行ってしまったと思い、不安感におそわれるからだ。手を開いて顔が現れると、赤ちゃんは相手が来たと思って喜ぶ。このことからも、赤ちゃんが一瞬一瞬を生きているること、母親こそが最初の愛の対象であると同時に、憎しみを向ける対象ということもおわかり頂けるであろう。

「可愛さあまって憎さ百倍」という大いなる矛盾は古今東西を問わず、芸術の主要なテーマとして数多くの名作の素材となってきた。心理学では、このような愛と憎しみなど相反する感情を同一の対象に向けることをアンビバレンスと呼んでいる。

それが顕著に現れた事件を紹介したい。

自動車修理工タケオのケースだ。

社長夫人を刺したタケオ

未成年のタケオは、勤務先の社長夫人を刺し殺そうとして逮捕された。

幸い、傷はたいしたことがなく大事に至らなかったが、周囲は愕然とした。タケオは真面目な勤務態度で定評があり、社長からも社長夫人からも信頼が厚かったからだ。

おとなしい彼を凶行に駆り立てた動機は一体何だったのか。

タケオは、現在でいう児童養護施設で育った。高校を卒業すると地元を離れて上京し、下町の自動車修理工場で住み込み勤務をはじめた。少し影があるが、真面目に働く青年であり、社長夫妻はこの青年をこよなく可愛がった。

「人間、生まれではない」

「努力すればかならず報われる」

このように社長夫妻から励まされ、タケオは「僕は実の父母には捨てられたが、僕にとっては、おやっさんとおかみさんが実の両親だ」と考えるようになった。ところが、この社長夫人のたまたま吐いた言葉が彼を地獄に突き落としたのだ。

タケオはこの夫妻の娘と淡い恋仲となっていた。そして娘がそのことを母親の社長夫人に打ち明けたとき、社長夫人は交際に反対、売り言葉に買い言葉でこう言ってしまったのだ。

「あんなどこの馬の骨だかわからないような男は駄目だ」

偶然、タケオはそのやりとりを立ち聞きしてしまった。

そして「頭の中が真っ白になって」「わけがわからなくなって」凶行に及ぶ。

彼はどこでどう包丁を手にしてどのように刺そうとしたのか、ほとんど覚えていない。それほど混乱し、深い絶望に陥ったのだ。

人間は、信頼していた人物に裏切られる時、愛を失うとき、愛する人に愛が届かないとき、深い憎しみを爆発させる。強い憎しみの裏にはほとんどの場合、愛のもつれが見え隠れすると言ってよい。

タケオにとっては「どこの馬の骨だかわからないような男」という言葉は何よりもつらい言葉だったろう。「深い谷底へ突き落とされたような」「捨てられた思い」がしたともタケオは話した。そのようなことから我々は何を考えることが出来るだろうか。

まず、社長夫人への憎しみの奥には、「自分を捨てた母親への強い憎しみ」があるということだ。そして、それらが重なり合って、彼をひどい混乱と凶行に追いやったのではないかと推測される。

乳児は全面的に母親に依存し、その心中には愛と憎しみが交錯していると述べた。一人前の大人になるということは、このような激しい愛憎を克服していく過程であるとも考えられる。同時に、このような原始的な心性はこころの深層で成人になっても生きつづけているのだ。

家裁が下す様々な処分

家裁調査官が所属する家庭裁判所は、大きく分けて家事部門と少年部門に分かれている。

家事部門は離婚から親権者、遺産分割問題などを扱い、筆者が先述のミサコと面談を重ねたのはこの家事部門での職務だった。

少年部門は少年非行を扱っている。タケオの事例も少年事件として扱われたものだ。筆者はタケオの処分をどのようにするかを決定するための調査面接を担当した。

こうした場合はまず調査官が家庭状況や生い立ちを調べる。事件を起こした少年本人のほか、保護者にも会い、場合によっては学校や職場、地域にも出かけて交友関係をつかむ。非行性の深度や周囲の環境、改善可能性も調べ、そのうえで最も適した処分を検討するのだ。

少年の人格、行動傾向、環境のどこに課題があり、どこを改善すればよいのか。そこで調査官には心理学や社会学、教育学などの人間諸科学の専門的知識が必要となる。

少年非行や家族の複雑な問題は、法的な解決だけで問題が解決することは少ない。裁判所が決定を下すだけでは、実体的な解決につながるとは限らない。心理面のかかわりやソーシャルワーク活動によって、実体的な問題の解決を図ることが重要になる。家裁調査官は、そのような心理臨床やソーシャルワーク活動を担ってもいる。

ここで、少年法の基本的な考え方について触れておこう。成人の刑事事件と少年事件

（正確には少年保護事件）の違いをご存じだろうか。ちなみに、少年法では少年とは20歳未満の者をいう。女子も少年と呼ぶ。正確に言うと女子少年だ。

わかりやすいように、まず21歳のAとBという人物を想定しよう。同じ30万円のバッグをそれぞれ万引きした。二人とも初犯だった。AとBが裁判を受けたとすると、結果はどうだろうか。同じ処罰にならないとおかしいと考えられるだろう。

しかし、少年事件の場合では成人とは考え方が違うのだ。17歳の少年CとDが、それぞれ30万円のバッグを万引きしたとする。どちらも初犯だった。ともに少年事件の処分を決定する少年審判を受けたとすると、結果は、CとDの処分は同じになるとは限らないというのが正解だ。

Cはきちんとした生活をしていて、学校に毎日通学している。日常生活にも特に問題がない。たまたま彼女の歓心を買いたいために、このような事件を起こしてしまった。ところがDはというと、高校を中退し、仕事にも就いていない。家にも寄りつかず、暴走族のたまり場でもっぱら徒食生活をしている。やくざとのかかわりもあった。

この二人を同じ処分で良いのだろうか、というのが少年法の考え方なのだ。それは罰を受けさせることでなく、法を順守する人間に立ち直らせることが目的だからだ。

さて、CとDそれぞれに下される家庭裁判所の処分にはどのようなものがあるだろうか。

具体的に挙げると、保護観察、児童自立支援施設等送致、少年院送致などの保護処分、児童相談所長送致、検察官送致などとなる。ちなみに少年院とは矯正教育を行う場であり、刑務所とは本質的に異なる。またよく聞かれる少年鑑別所とは、審判のために身柄を拘束してこころと身体、考え方などを調べる施設であり、その職員のほか家裁調査官も赴いて少年の調査を行っている。

その他、審判不開始、不処分といった決定もある。不処分は審判の結果、特に処分をしないというものだ。審判不開始は、裁判官が決定を下す審判というものを開かないで事件を終わりにするというものだ。このような決定になると、まるで家庭裁判所は何もしなかったような印象を与えるが、実はそうではない。

審判不開始は一番軽い扱いだが、その場合にも調査官が少年や保護者に会って話を聞き、心理面の問題を見極め、今後の生活への助言を与え、本人の反省も受けとめている。不処分は、調査の後、さらに審判を開き、裁判官が少年や保護者から話を聞き、反省を受けとめ、裁判官が今後の生活のためのアドバイスを与えている。少年のプライバシーを守る性格上、情報を公開しないが、家庭裁判所はこのような手当てをしている。
「少年事件の対応は甘い」という声もよく聞かれる。だが、少年が14歳以上になっていれば、検察官送致（逆送）といって、成人と同じ刑事裁判を受けさせることもできる。
また、成人であれば微罪として扱われる事件が、少年であるがゆえに、矯正教育の必要性から、少年院に送致されるということもある。家庭裁判所とは少年の「立ち直り」に何より重きを置く機関でもあるのだ。

試験観察は魅力的

少年法には、試験観察という少々特殊な扱いがある。これは筆者に言わせると魅力的な中間決定である。

少年法は、家庭裁判所が保護処分を決定するために必要があると認めるときには、相当の期間、少年を家庭裁判所調査官の観察に付することができるとしている。これが試験観察だ。処分を相当期間留保して、少年の生活状況や行動などを観察するために行われる。

試験観察には次のような種類がある。

（1）「在宅試験観察」
少年は保護者の元で生活し、家庭裁判所調査官が直接少年の観察・指導に当たる

（2）「身柄付補導委託」
少年を保護者の元から離して、補導委託先（適当な施設、団体または個人）に預けて指導してもらう

（3）「補導のみ委託」
少年は保護者の元で生活し、補導のみを補導委託先（例えば、学校長など）に委託する

いずれも観察の期間は「相当の期間」というだけで法定の限界はないが、通常はおよそ3ヶ月から6ヶ月くらいが多い。当然のことながら、少年が20歳になるのを超えて試験観察を続けることはできない。この間には少年を書類や成績表などで観察するだけではなく、少年や保護者に教育的な働きかけを行いながらの動的な観察が行われる。

それでは、どのような少年少女が試験観察の対象者になるのだろうか。

さまざまな場合が考えられるが、一例を挙げれば、少年院送致が考えられるが保護観察で更生することも期待でき、両者の選択で迷う場合だ。

この場合、少年がもし少年院送致になっても仕方がないと思っていたとしたならば、試験観察という、いわばチャンスを与えられることになる。この間の本人のがんばりいかんによって、少年院になるか、社会内処遇になるか、ある種の自己決定が可能になるのだ。したがって、この試験観察中に、少年、家族、関係者に積極的に働きかけることで、飛躍的に少年の生活改善がなされる場合も少なくない。

次に、この試験観察を行った少女の話をしよう。

父親を憎む非行少女アッコ

アッコ（17歳）は非行と父親の関係を深く考えさせてくれた少女だった。

彼女は薬物乱用や窃盗、不良交友など非行を繰り返し、15歳で女子少年院に入った。少年院では優等生だった。少年院で更生を誓い、高校に入学することを目標にして少年院を出てきたのだが、出てすぐに元の不良交友に戻り、非行を犯して警察に捕まった。

鑑別所から自宅に戻ったアッコに、筆者が試験観察として、生活指導をすることになったのである。裁判官は、このまま少年院に戻してもまた「優等生」として過ごすだけで、矯正効果が上がらないと踏んだのだろう。しばらく筆者に様子を見るように指示したのだ。

筆者は2週間に一度の頻度でアッコと母親を家庭裁判所に呼び、面接を重ねた。

アッコの父親はいわゆる暴君で、ものごとを自分の思うようにすすめないと気が済まず、暴力的で柔軟性に欠ける性格の持ち主だった。母親は父親の言うことに逆らうことができず、姑にも面と向かってものがいえない人物だった。

アッコはもう二度と少年院には戻りたくないと筆者に訴えた。だが、やがてかつての仲間との交友が再燃し、外泊など乱れた生活が始まった。父親との関係はむろん悪化し、罵声を浴びせられる。アッコは外泊や朝帰りを繰り返すという仕方で応戦しているかのようだった。結局は、少年院に入る前と全く同じ生活パターンに戻ってしまった。

しかし筆者にはアッコが更生の意欲を失っているとは思えなかった。前向きの姿勢が見て取れたのだ。なんとかしたいという思いが本人にあるにもかかわらず、生活は悪化の一途をたどっていった。

「こんな生活ではまた少年院に戻ることになる」と言うと、アツコは複雑な表情をした。試験観察を始めて約半年後のことだった。そして、彼女はこう言った。

「非行から立ち直ったら、お父さんは『俺が注意したから、おまえは良くなった』って言うに決まってる」

筆者は愕然とした。彼女はこう言いたいのだ。

「非行から立ち直ることは、父親を喜ばせることだ。私はあの父親を喜ばせることだけはしたくない！」

彼女自身には立ち直りたい気持ちがあるにもかかわらず、父親への憎しみゆえに、立ち直るわけにはいかないのだ。まさにどうすることもできない金縛りのような状況に封じ込められていた。

非行少年のいる家庭には、このような、ある意味で身動きがとれないような自己矛盾を抱えた家族関係がしばしば認められる。それはまさに愛と憎しみがつむぎだしているものなのだ。

「非行から立ち直りたい」という欲求と「父親に屈服したくない」という二つの欲求の葛藤状態、まさにこれがアツコの非行からの立ち直りを阻む元凶だったのだ。

この面接のあと、私はアッコに箱庭を作ることを促した。

家裁調査官であれば誰でも箱庭を使うかというと、そうではないが、筆者は長年、非行少年に好んで箱庭療法を使用してきた。少し脇道に入るが、箱庭について解説しておきたい。

箱庭に作られた墓

箱庭は57×72×7センチの砂箱に小世界を構成する表現活動だ。底から3分の2程度まで砂が入っており、箱の内側は青く塗られている。青いのは、砂を掘って底を露出させれば、川や海、湖などを容易に表現できるからだ。そばには人、動物、植物、乗り物、建造物など、さまざまなミニチュア玩具のほか、石、タイル、木切れ、貝殻などが用意される。これらを自由に使って、砂箱の中に好きなものを作るのだ。

さて、アッコは箱庭で何を作っただろうか。

左の隅にできたのは父親の墓だった。そして、パワーショベルなどで土を掘り起こし、公園を整備している光景を作ったのだ。

筆者はアッコが今変わろうとしていることを予感した。そして、何か新しい生活を生み出そうとしていることを感じ取った。

このようなアツコのこころの動きに連動したかのように母親が変化し始めた。毎回、面談に付き添ってきていた母親の変化がこの家庭を変えていくことになる。

アツコが父親への強い思いをうち明け、父親の墓を作ったその日、筆者は母親とも面談の時間を持った。すると母親もまた夫への深い思いを吐露したのだ。

「夜遊びや外泊など、アツコのひどい生活に対して夫は激怒し、ひどい言葉であの子を罵ってきました。それはもう聞くに耐えられないようなひどい言葉を浴びせかけたのです。きっとあの子はひどく傷ついていると思います」

母親はこう語ると、今度は自分と夫との関係を明かし始めた。

「夫の言葉の暴力を私も嫌というほど受けてきたんです。あの人はそれこそ人格がメタメタに傷つくくらい、ひどい言葉で罵るのです。お前なんか、ただ食べて糞をして寝るだけの女だ……今までどのくらい傷ついてきたか」

また、母親は同居する姑が自分に辛く当たることなども、ひとしきり訴えた。この日の母親は何かにとりつかれたかのようだった。こんなことは初めてのことだった。そして、最後に、母親はこんなふうに締めくくった。

「私は、こんな夫の言葉の暴力を嫌というほど思い知らされているので、アッコが父親からひどい扱いを受けて苦しんでいることが痛いほど良く分かるんです。でも……消極的な行動しかとれない性格なので、ただ、おろおろするだけで何もしてやれなくて。子どもたちからはきっと、私は父親の味方なんだと思われているんでしょうね……でも、ほんとうは違うんですよ。私は父親の味方なんかじゃないんです」

この告白をした日から母親が変わっていくのである。

母親はまず同居する姑に主張をし始める。

アッコの祖母はいわば、この家庭の影の支配者だ。過干渉に振る舞い、家の中を牛耳ってきた。父は暴君ではあったが、祖母にはだだっ子のように甘えていた。この祖母は何かというと母を責めた。実のところ、この家は祖母を中心に回っていたのだ。

「私は自己主張できない性格なので今までずっと耐えていましたが、うちでのストレスから頭が禿げ始めて、もう我慢の限界を超えました」

母親は意を決して祖母に伝え、「子ども二人と、三人で家を出る」と言ったのだという。

きっとその態度には鬼気迫るものがあったに違いない。祖母は、いつもと違う母親に圧倒された。そして祖母は「そんなことは世間体が悪いから、それならば私が家を出る」と言ったのだ。

それを聞いて父親がこういった。

「確かに、このままでは駄目だ。この住居は（経営する会社の）事務所専用にして、（祖母と家族）それぞれが城を持とう」

母親の変化により家族は急激に変わっていくのだ。祖母と離れた親子四人だったが、祖母という留守役がいなくなることで、新居が不良の溜まり場になってはいけない。そこで母親は勤めを辞めることにした。家庭内はさらに変化が起きる。

祖母が九州に引っ越していった後、面接に訪れる母親の表情にゆとりが出始めた。家族は落ちつきを取り戻し、不思議なことに父親も穏やかになった。

アッコは父が怒らなくなったこと、父と話をするようになったことなどを嬉しそうに述べた。

筆者は、なぜ父が変わったのかとアッコに聞いてみたが、アッコは「わからない」と不思議そうな顔をしていた。もしかしたら、本当に変化するとはこういうことなのかもしれない。理屈ではないのだ。

母親はますます母性的になった。筆者に対して「アッコを長い目で見てやってほしい」と訴えるようにもなった。以前の母親には余裕がなく、アッコを突き放しているところがあった。愚痴も多かった。ずいぶん変わったなという印象だ。

そんな中で、アッコは不良交友から離れていった。そして家で母親と過ごす時間が増えた。

「どうして家にいるんだい。あんなに外泊ばかりしてたのに」

筆者がこう尋ねると、アッコは言った。

「家にいる方があたたかいよ」

印象深い言葉だった。ここまでには、ある種の紆余曲折を経たといって良い。まず母が変化した。そして、祖母が変化し、父が変化していくのだ。まさに家族全体が変化し、アッコは非行を乗り越えていったのだ。

「泣き通して、死んでしまう」

じつはアッコが父親の墓を作ったのは、最初の箱庭ではない。45頁のイラスト〈箱庭1〉を見ていただきたい。これは、アッコが最初の面接時に作った箱庭を描き起こしたものだ。まさに第1回目の箱庭である。

アッコはまずトンネルを置き、汽車がトンネルの中に入っていくところを作った。子どもや動物がいて、子どもがキリンに話しかけている。またシマウマが倒れていて、医者がそれを診ている。「森」という題名を付けた。

この箱庭は、自分の非行や試験観察についての気持ちが素直に表れているように感じた。

傷つき病んだシマウマとそれを診ている医師という表現はどうだろうか。筆者には、アッコが、自分に何か悪い部分、病んだ部分があることを自覚しており、それを治したいという気持ちがあるのだと思えた。また、「汽車がトンネルに入っていく」表現はどうだろうか。筆者（家裁調査官）と彼女を乗せた汽車がトンネルに入っていく、まだ出口がみえないし、レールもきちんと敷かれていない、そういう不安感が表現されているように思えた。このような不安の背景には、彼女には筆者との旅が始まったという気持ちもあるのではないだろうか。そういう意味では、まさにこれから旅が始まる不安と期待の表れとも理解された。筆者はこの箱庭を深く味わいながら、そんなアッコの気持ちを支えていこうと思ったのだ。

〈箱庭１〉題名「森」

次に〈箱庭2〉を見ていただきたい。これはアッコが4回目の箱庭で作ったものである。これを見たとき、筆者は言葉では言い表せないような強いショックを受けた。

砂漠で子どもが泣いている光景だ。

「仲間とはぐれて泣いている。泣いても誰も助けに来てくれず、ずっと泣き通し、最後には死んでしまう」

アッコはこう語った。題名は「ひとりぼっち」と付けた。

砂を少し手でかき回し、泣いている人形をひとつだけ置いたものだが、その光景は何よりも筆者に強いインパクトを与えた。

口数の少ない彼女は多くを語らなかったが、それは孤立無援で苦しんでいる彼女の状況を見事に表していた。そしてこの日、母親から彼女の置かれている辛い状況を聞き取ることができた。彼女は父親とぶつかり、どうにもならない深刻な危機状況にあったのだ。

アッコのこのような表現をできる限り深く受け止め、母親と彼女のサポートについて語り合っていくことになった。

アッコが父親の墓を作ったのは、12回目の面接だった。ちょうど6回目の箱庭にあた

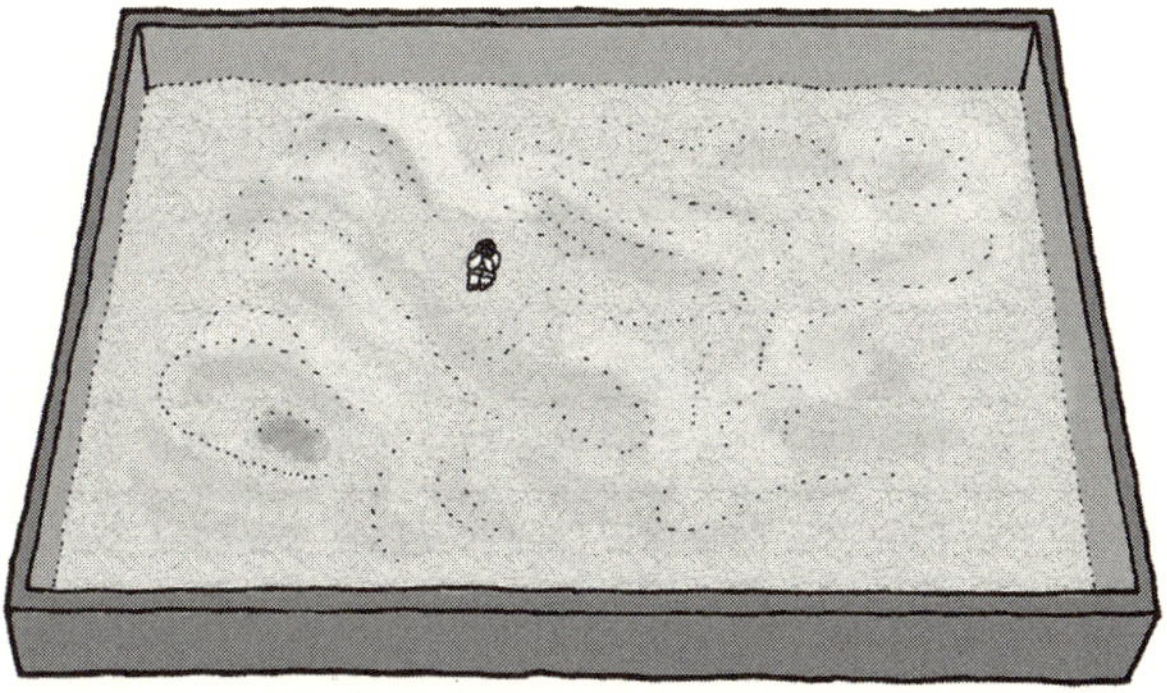

〈箱庭２〉題名「ひとりぼっち」

る。9回目の箱庭〈箱庭3〉では、墓のほかに森が存在する。そこには得体の知れない魔物が住んでおり、二人の男性がその正体を見に森に入っていくというのだ。危険なので医者と救急車が来ている。

この箱庭は第1回目の箱庭〈箱庭1〉と深く関連しているのにお気づきだろうか。トンネルと汽車という構造が近似しているだけでなく、汽車の方向が正反対なのだ。第1回目の箱庭と正反対に、トンネルから汽車が出てくる場面がつくられている。そこに深い意味が感じられる。筆者は、アツコが自分の問題の核心に迫っていく勇気を持ちつつあるのだと感じた。

このような経過をとおしてアツコの生活は安定し、少年院に送致されることもなく、試験観察は終了した。事件は保護観察をつづけるということで終了した。

このように、非行臨床に箱庭を導入することによって、面接だけでは得られないようなケースの動きが始まる場合がしばしばあるのだ。

箱庭は心理テストか

この箱庭療法はどのように成立したのだろうか。

〈箱庭３〉題名なし

概観すると、イギリスの小児科医M・ローエンフェルトが子どものための治療技法として発表した世界技法（The World Technique）を、ユング派の心理療法家のドラ・カルフが発展させ、表現療法のひとつとして理論づけたといわれている。日本へは河合隼雄が１９６５年に箱庭療法と訳して紹介し、子どもから大人まで広く適用されるに至った。

箱庭療法についてのカルフの理論の特徴は次の二点に示される。一つは、治療者－被治療者の関係が重視されることだ。この二者の間には箱庭を通して母親と子どものつながりに見られるような基本的な信頼関係が成立していく。これが治療や成長へと進む土台となる。治療者に見守られて、「自由で保護された空間」を感じ、生き生きと箱庭をつくる時、人はこころの深い部分からわき上がってくる内的なイメージを「世界」として表現し、その体験を重ねることで自ら気づき、変化していくことができる。

いま一つは、表現されたものを見るとき、そこにユングの分析心理学の考えを導入することだ。作品にあらわれる数々のテーマや場面、玩具などの意味を、ユングのいう心像や象徴としてとらえていくことが、治療のための有効な手がかりとなる。

箱庭を心理テストだと考える人が多いが、これはあまり好ましいことではない。あくまで心理的な援助の技法であり、セラピストとクライエントとの信頼関係を樹立するのに非常に有効である。特に、言語表現の苦手な非行少年にとっては効果が大きい。

筆者はいつも、少年や保護者と面接をした後に、少年だけを箱庭のある別室へ連れていくことにしている。面接とは別の部屋で箱庭療法を行うという点にこだわってきた。箱庭が、調査官の行う「生活指導」の一環であるとの印象をまずは払拭したかったからである。

箱庭のある部屋では、「面接で疲れただろう。砂遊びでもして、気分転換をしていかないか」などと言葉をかけ、少年の緊張感をとり、リラックスするように導く。もちろん少年が箱庭療法を行いたくないようであれば無理には勧めない。あくまで「気分転換」であり、「遊び」であることを印象づけるようにする。

少年が箱庭を制作しているときは、少年のかたわらにあって筆者自身もくつろぐように心がけた。そして、「この箱庭の枠の中では何を作っても良いのだよ。何をしても良いのだよ」というメッセージを言葉だけでなく態度や雰囲気で伝えるようにした。

大切にしたのは「枠の中では良い」ということだ。面談に来る少年たちは、家庭裁判所の監督下に置かれてさまざまな制約や規制が掛かっている。「何をしても良い」ということは実生活ではありえない。

そんな状況のなかでも、「この枠の中では何をしても良い」というメリハリを作りたかったのだ。いわば「自由と安全」を保障しながら、制作過程を見守り、つくろうとしている少年の気持ちや少年の考えを汲み取り、共感しようと努めた。また、できあがった箱庭を少年と一緒に味わうことを長年続けてきたのである。

マナミの病的な嫉妬心

「母親はわたしよりも兄をかわいがった」

「父親はなぜか自分にだけ冷たかった」

こう大真面目に言うのは、子どもに限らない。

60代、70代の高齢者が、子どもの頃に受けたえこひいきにこだわり続けているとしたら実に奇異な気持ちにならないだろうか。しかし、現実には、そういうことがざらにあるのだ。

家庭裁判所には遺産分割の問題が数多く持ち込まれる。遺産分割の紛争を見ていて感じることは、親の愛をめぐる問題は、その親が死んだときに一気に噴出するということだ。遺産分割というのは金銭が絡むがゆえに、幼いころの嫉妬《しっと》も相まって深刻な紛争に進展することになる。

「小学校の時、兄貴だけが良い思いをした」

「末っ子のあんただけが可愛がられた」

こうした積年の思いを、孫のいるような方々が真顔で語り、遺産分割がまとまらないこともしばしばあるのだ。善きにつけ悪しきにつけ、子ども時代の重要さを思わずにはいられない。

だが、見当違いな嫉妬感情が噴出するケースもある。

「妻はぜったい浮気をしている」

「夫には女がいる」

まったく不貞の事実がないのに、配偶者や交際相手の不貞を妄想的に確信し、すさまじい嫉妬感情をむき出しにするのだ。つまり病的な嫉妬だ。オセロ症候群と呼ばれる場合もある。

嫉妬妄想はさまざまな精神疾患においてもみられる。例えば慢性のアルコール依存、パラノイア、統合失調症、そのほか老年期精神障害や脳器質性疾患などの場合にも生じることがある。

嫉妬妄想とまでいかなくても、激しい嫉妬感情を妻や夫にむける夫婦は多い。それは相手への愛情が強いゆえだろうか。

愛する妻や夫を独占したい。たしかに独占欲が強い場合には、嫉妬も強い場合が多い。しかし、嫉妬というのは一種の攻撃ともいえる。嫉妬の激しさゆえに夫婦関係が破綻する場合も多いからだ。

40代のマナミは夫が浮気をしているのではないかという思いにかられるようになった。夫が、いつ、どこに電話をかけたのか。仕事中、あるいは仕事の後、どのような行動をとったかを綿密にチェックし始めた。

夫は事実無根の不貞を疑われたわけだから、懸命に身の潔白を訴えた。そうこうするうちに妻は1日に何度も電話連絡をすることを要求し、さすがの夫もそれを拒んだ。するとマナミは「それは浮気をしているせいだ」と糾弾し、夫の職場にも頻繁に電話をするようになった。

この夫婦の関係は妻の嫉妬によって、崩壊に向かっているといえるだろう。実際、頭を抱えた夫が本当に浮気に走る場合も少なくない。その場合、妻の嫉妬は夫婦関係を破壊する方向に進めたといえるのではないだろうか。

このような妻の嫉妬は夫を愛そうとする積極的な態度の表れとは理解しがたい。むしろ、この妻は苦しんでいるのであり、何か本人にははっきりとはつかめない、得体のしれない内的な要因につき動かされて、嫉妬に駆り立てられていると考えた方が矛盾が少ない。

それではこころの奥にあって、嫉妬へ駆り立てるものとは一体何なのだろうか。

マナミは夫の行動をすべて自分が知っていないと気が済まなくなった。そして、夫の行動を自分がすべてコントロールしようとした。考えようによっては、あまりにわがままな態度といえる。夫と自分が一心同体でもなければそんなことは不可能だ。

このような気持ちになる背景には、ひとつには「一人でいられる能力」の不足がある。

イギリスの精神分析医D・W・ウィニコットは、子どもが乳児から幼児にかけて身に付ける能力として「一人でいられる能力」を重視している。

「一人でいられる能力」とはいかにして形成されるものなのか。親との間で十分安心できるような体験を経ることによって、「一人でいられる」ようになるのだ。

また「一人でいられる能力」には二通りの意味がある。ひとつは、文字通り一人でいられる能力。もう一つは、二人でいても「一人でいられる能力」だ。これは他者と一緒にいても、自分を失わない、安定した自分でいられるということだ。

「見捨てられる」という不安

マナミのこころにはもう一つの問題が隠されている。それは見捨てられることへの不安が非常に強いということである。

彼女は一見気が強く、自分が夫を支配しているように振る舞ってはいたのだが、その一方で、夫から見捨てられるのではないかという不安が強いことを訴え始めた。

さらに、カウンセリングが深まるにつれて、マナミの気分は非常に不安定であること、そして、その背景として、小さい頃から母親から見捨てられるのではないかという思いを強く持っていたことが明らかになった。彼女の母親は非常に気紛れな養育態度であったようで、突き放したかと思うと、ねこ可愛がりをし、また突然邪険に冷たくするというように、彼女は母親に振り回されて育った。

筆者はマナミの気持ちが安定することを念頭に置きながら、夫婦のカウンセリングを進めていったのだった。

その後は夫の協力が重要だった。夫がいわば母親代わりとなり、彼女を見捨てないという態度を粘り強くとり続けたのだ。その間に彼女は、「夫が自分を見捨てないか」を試す行動をしばしばとったが、幸い夫はマナミに寄り添い続けた。彼女の気持ちはやがて少しずつ落ち着いていったのだ。

続く30代後半の女性のケースも、思わぬ嫉妬にまつわるものだ。

アキコはやはり夫の不貞を強く疑い、激しい嫉妬を夫に向けていた。彼女は道徳的に潔癖で、なんでも完璧に行わないと気が済まないところがあった。彼女の両親は厳格な人物で、幼少時からきびしく躾《しつ》けられたという。

この妻が夫への嫉妬に苦しめられるようになったのは、二人目の子どもの養育に手が掛からなくなってからである。彼女がいうには、夫の勤務の配置換えがあり、新しい部署での仕事になってから夫の態度が変わりだしたという。しかし、彼女との面接が深まっていくにつれて、新たな局面が見えてきた。

彼女は子育てが一段落したことと、友人に誘われたこともあって、テニス・スクールに通うようになった。そこで知り合った女性同士の会話にしばしば夫の浮気や妻たちの浮気話が出るようになったというのだ。

彼女は妻が浮気をするということに「汚らわしさ」を感じたというが、その一方で、彼女の気持ちにも一種の変化が生じていた。

アキコはテニスのコーチに恋心を抱くようになったのである。しかし、道徳的に潔癖な彼女は不貞をするわけでもなく、むしろそういう恋心を抑圧しようとした。

時を同じくして、その頃から夫への嫉妬が激しくなるのである。

このように、自分の不貞願望を配偶者に投影して、つまり鏡のように映して、配偶者こそが不貞をしているのではないかという嫉妬に駆り立てられることも起き得るのだ。

マサヨシの屈折した嫉妬

かなり屈折した嫉妬もあることをご紹介したい。

40代のマサヨシは、30代の妻カオルが自分の部下（20代）に愛情を寄せているのではないかと疑い始めた。

マサヨシは課長に昇進してから、しばしば部下を自宅に招くようになったのだが、やがてカオルと部下の関係を疑うようになった。「部下を見る妻の目付き」「媚びを売るようなしぐさ」が気掛かりになってきたというのである。

ここで興味深いのは、それほど嫌な思いをするようになっているマサヨシが、部下らを自宅に呼ぶのをやめなかったことだ。彼にいわせれば「妻の不貞を確認したかった」というのだが、いかにも不自然だった。

やがてマサヨシはカオルを「不貞をしているのではないか」と責めるようになった。しかし、妻は身に覚えがないと反論し、双方、疲れ果ててカウンセリングを受けることになった。

夫の気持ちがほぐれてくるにつれて意外な局面が見え始めた。

部下に愛情を感じるようになっていたのは、実はマサヨシの方だったのだ。部下に同性愛感情を抱くようになり、同時にその感情に対して強い罪悪感も覚えるようになった。その結果、マサヨシは「妻が部下を愛している」として妻を責めるようになったのだ。こころの中で、「部下を愛してはいけない」という罪悪感から「部下を愛しているのは自分ではない」という弁解を妻への嫉妬にすりかえてしまったわけだ。

ここまで嫉妬（jealousy）にまつわる事例を見てきた。嫉妬に似た感情に妬《ねた》み（envy）」がある。この二つはしばしば混同されがちだが、明確な違いも指摘されている。

妬みは、他人のもっているものを欲しいという強い欲求を基本にしているのに対し、嫉妬は、逆にすでにもっているものを失うのではないかと恐れる不安を根源とする。そして、妬みは、相手と自分という二者関係で生じるのに対して、嫉妬は、もうひとりの人物を巻き込んだ三者関係で生じるところに特徴がある。したがって、妬みは嫉妬よりも根源的な感情と考えることができよう。

親の愛情をめぐる嫉妬、愛する人を他人にとられるのではないかという嫉妬。このように嫉妬の背景には、強い愛情関係の問題が存在するのが常である。強い愛情がなければ、嫉妬は生じない。嫉妬とは愛と憎しみの入り交じるじつに生々しい感情なのである。

感情転移は誰にも起こる

ここまでお話ししてきたケースを読んで、感情転移は得体が知れない、怖いと思われた読者もいるだろう。では、どんな人にこれが生じるのだろうか。

誰にでも生じうるというのが筆者の答えだ。

とくに過去の重要な人間関係に問題を深く残している場合に、目の前の現実とかけ離れた無自覚な感情転移や病理的な感情転移が生じやすい。同時に、「あってはならない」自分の気持ちを抑圧した結果、それを配偶者への嫉妬心にすり替えてしまったアキコやマサヨシのケースもあった。いずれの例も、そのままでは本来問題のない人間関係が傷ついてしまうことになる。

恨みや攻撃性は向きを変えて、本人も思わぬときに現れるのだ。

感情転移が関わった人間関係の問題となると、当事者だけでの解決はなかなか難しいものだ。取り上げてきたケースのように、カウンセラーなどの第三者を介して、本人が感情転移に気づくことが、まさに過去の人間関係を振り返る契機になる。その際には、抱えてきた問題を今こそ解決すべき時期に来たと考えて、前向きに乗り越えることを考えて頂きたい。

冒頭に取り上げたミサコは、自分を縛る親子関係が未だに解決できていなかったことに、まさに気づいた。だからこそ、夫のことを「義母にべったり」と非難してきた彼女が「私自身が一番自立できてなかったんですね」と述べた言葉は意味のあるものだったのだ。

今になって言えることだが、彼女にとって重要なことは離婚すること自体ではなかった。自立できていない自分を内省し、そのことへの自分なりの気持ちの整理と前向きな解決を図ることが重要だったのだ。もし離婚した場合でも、彼女は苦しみ続けたのではないか。事実、離婚を頻繁に繰り返す事例の中には、根本的な自分の問題が未解決になっていることに気づかない場合も少なくない。

夫婦のその後の展開は筆者には知るすべがないが、ミサコは自分の親との間できちんと自分の気持ちを説明し、和解することができたかもしれない。あるいは、夫の父母との間で、自分の父母とは違った親子関係を築き、それを通して、自分自身の親子関係を乗り越えたかもしれない。そういうことが重要なのだ。

このような夫婦カウンセリング（カップル・セラピー）の需要は、日本でも日増しに高くなっている。

次章では、家族内で起こる暴力としがらみについて考えていきたい。

第2章

知的エリート女性の挫折と暴力

最悪な夫と別れない妻

家庭内でおきる暴力、とくに配偶者やパートナーに対する暴力はドメスティック・バイオレンスと呼ばれる。このような暴力は昨今深刻な社会問題だ。

家庭という閉じた空間で起きるため、被害者は逃げ場がない。かつては、警察に連絡しても警察は「民事不介入」を理由になかなか介入しようとしなかった。

だがもはや「夫婦喧嘩は犬も喰わない」などとは言えない。家族形態が核家族化し地域の連携が希薄となった日本の社会では、死と隣り合った問題だからだ。幼児虐待とともにこのドメスティック・バイオレンスは早急に取り組まなければならない課題といえよう。

ドメスティック・バイオレンスがいかに生じるかに触れる前に、夫婦関係の「妙」に目を向けてみたい。筆者は多くの夫婦と接してきたが、つくづく感じるのは夫婦とは不思議なものだということだ。

どうにもならない駄目な夫がいるとする。

アルコール依存症で働かない。妻が注意すると暴力を振るう。最悪だ。その妻はといえば、しっかり者で、まじめな働き者である。

なぜこんなひどい夫と別れないのだろう。誰もがそう思うのではないだろうか。しかし、こういうカップルは案外多いのだ。

妻になぜ別れないのか理由を聞いてみると、こんな答えが返ってくる。

「あのひとにも優しい面があるんですよ」

「わたしがいなくなると、あのひとはもっと悪くなってしまうと思うんです」

いかがだろうか、こういう妻の言葉をどう考えるだろうか。

本当に、「わたしがいなくなると、夫はもっと悪くなってしまう」のだろうか。

この夫婦の間に生じていることをもっと細かに見てみよう。

夫は二日酔いで仕事を休みたいと言う
↓妻は「働きにいかないと駄目」と叱る
↓夫は妻に反抗して、酒を飲み始める
↓妻はさらに怒る
↓夫は酔って暴れだし、ますます酒を飲み続ける

↓
（繰り返し）

何度やってもこうなるはずだ。つまり、この夫婦の間では夫は酒を飲む役、妻は叱る役という役割がパターン化しており、妻が叱れば叱るほど、夫はますます酒を飲むという、一種の悪循環が形成されているのだ。

このように考えると、本当に「わたし（妻）がいなくなると、あの人（夫）は駄目になってしまう」といえるかどうか大いに疑問だ。

もしかしたら、その逆ではないか。つまり、妻が夫の飲酒を助長しているのではないか。残酷な表現だが、こういう疑問が起こってくるのである。

このような夫婦や家族について、しばしば共依存という言葉が使われる。配偶者もまたアルコール依存者を支えているというわけだ。この共依存という言葉は現在では、もっと広い意味で、機能不全家族全体を指す言葉として使われるようになってきた。

世間には、「アル中の女房」という独特のニュアンスをもった表現がある。筆者は何らかの差別をしたくてこれを持ち出したわけではない。夫は酒飲みでぐうたらで働かないのに、妻のほうはといえば、しっかりもので稼ぎがあり、一家は妻の労働収入によって支えられている。そんなパターンの夫婦が本当に目につくのだ。

そんな妻に対して、「ああ、あの奥さんはアル中の女房だね」などと言われることがある。ある面で「気の毒な奥さんだ」という同情を込めて、またある面では「このままでは、あのお父ちゃん（夫）は変わらないな」そんな思いを込めて、こんな表現がなされるのだ。いわば世間もこれが珍しくないことを知っている証左だろう。

このような妻と夫の関係は一見、前章で触れた母娘の関係に類似していることに気づかれた方もいるかもしれない。

夫はまるで幼児のように妻に依存している。妻は夫の母親のように夫をあやしている。まるで親子、母子のようである。しかし、夫に依存される妻のほうは、夫の依存を満たす余裕のある安定した存在なのだろうか。

じつは、精神的に妻のほうも夫に依存しているのだ。このような妻は自分を頼ってくれる存在をかたわらにおいてはじめて安定するのだ。逆に言えば「この人はわたしがいないと駄目なんだ」「この人はわたしだけが頼りなんだ」、そういう存在がそばにいないと安定できないのだ。

このような夫婦はともに依存し合っている。ともすれば夫の弱さだけがクローズアップされるが、妻のほうのこころの弱さ、そういうものに目を向けていかなければ、夫婦は共倒れになってしまう危険性があるだろう。妻のほうにも弱さを自覚し、それを改善していく必要があるのだ。

DVのサイクル理論

じつは夫婦間暴力にも似たような構図が認められる。一般的に夫の暴力が問題になることが多いが、いわゆる暴力夫に話を聞くと、しばしば語られるのは「妻の側の言葉の暴力」だ。

「たしかに暴力を振るったことは認めますよ。でもねえ、あいつは口がすげえんですよ。俺なんか、とても口じゃ歯がたたねえ。そりゃあ、すごいことをまくし立てるんですから。もう、我慢できなくなって、つい手が出てしまうんですよ」

暴力を振るう夫は口下手というのが案外多い。また、そのパートナーはじつに口が達者だという「迷」コンビが多いのだ。

ここで夫が主張しているのは、妻の言葉の暴力に「口では勝てないので」手を出すということだ。言葉を換えれば、夫の暴力を誘発する妻の言動、特に言葉の暴力だ。

我々は夫婦間の関係を調整する場合、このような妻側の問題にも目を向け、夫婦の関係そのものを変化させるように介入する。つまり、夫の身体的暴力と妻の言葉の暴力の双方に目を向けて、夫婦関係そのものの改善へと夫婦の関心を移行させていくのだ。どちらが悪いかという犯人捜しをしようとする雰囲気は、解決を遠ざけることが少なくない。

ところが現代では、夫やパートナーの暴力というものはそんな生易しいものではないという指摘がある。

女性虐待の先駆的研究者、レノア・E・ウォーカー博士による『バタードウーマン――虐待される妻たち』（斎藤学監訳、穂積由利子訳、金剛出版）は、アメリカで一九七九年に刊行され、これがきっかけとなって女性虐待への理解が高まり、避難所の設置や法律の制定にまで影響を及ぼしたといわれる。タイトルのバタードウーマンとは、男性（夫）の常習的暴力によって心身がぼろぼろになった女性（妻）のことを指す。

この著作の「サイクル理論」が興味を引く。簡単に解説すると、ドメスティック・バイオレンスというのは次のような三つのステージを繰り返すのだという理論である。

第１ステージ　緊張の高まり

夫は妻へ嫉妬を向けたり、孤立感に悩んだりしながら次第にピリピリと緊張感を高めていく。それを察知した妻はなんとか夫の機嫌をとろうとするが、結局はどうにもならない

第２ステージ　激しい虐待

「激しい虐待（暴力）」へと展開する。こうなると妻はなす術はなく、命からがら夫のもとから逃げ出すしかなくなる

第３ステージ　優しさと悔恨そして愛情

荒れ狂った夫は、今度は手のひらをかえしたように謝罪する

第３ステージの「優しさと悔恨そして愛情」が、日本でいえばどうなるかというと、夫は実家に逃げ帰った妻のところに行き、涙ながらに「戻ってきてほしい」と懇願するのだ。

「俺はばかだった。もう二度と暴力は振るわない。お願いだから俺のところに帰ってき

てくれ！」

さて、これを見た妻はどうなるかというと、こころを動かされることになる。土下座をして涙まで流して謝罪する夫の姿を見て、妻は「この優しい姿こそ真の夫の姿だ。彼には私の助けが必要なのだ」と考えるのだ。そして、妻は夫のもとに帰る。すると、また第1ステージが始まることになる。

再び、激しい暴力である。妻は命からがら実家に逃げ帰る。すると、また、夫は妻のもとに現れ、謝罪するのである。「俺が悪かった。もう二度と暴力は振るわない。だから俺のもとに戻ってきてほしい」。

妻はこの夫の姿を見て不幸にも「夫の真の姿はこれだ」とまたもや懲りずに考える。するとまた第1ステージからの繰り返しとなり、夫の暴力は改善されない。やがて、妻は疲れきって、夫のもとから逃げようという気力すら失ってしまう。学習性の無力感に陥ってしまう。これがこのサイクル理論のアウトラインだ。

いかがだろうか。ここで、本章の最初に戻ってみよう。酒をやめない夫と別れない妻の言い分に「優しいところもあるしね」というものがあった。この言葉は大きな落とし穴に繋がることにご注意頂きたいのである。

「これは虐待じゃない！」

近年、夫婦間暴力に増してクローズアップされているのが児童虐待の問題だろう。なぜ我が子に暴力を振るうのか。親が子どもを虐待して死なせてしまうなんて信じられない。こう考える人も多いはずだ。

しかし、本当に信じられないことなのだろうか。本当に理解できないことなのだろうか。はたして自分とは無縁の問題なのだろうか。

むろん程度の問題はあるだろうが、これは意外に我々の身近な問題なのである。核家族化が進んだ家族形態の中では、親のストレスはまず一番身近な対象に跳ね返る危険性がある。それは配偶者であり子どもだ。配偶者であれば前述のようなドメスティック・バイオレンス、そして子どもであれば児童虐待となるのだ。

虐待とは子どもが親または親にかわる養育者から、身体的・精神的・性的に危害を加えられたり、適切な保護（世話や医療）が与えられなかったりすることをいう。次の四つに分けて考えられることが一般的だ。

（1）**身体的虐待**　通常のしつけや体罰の限度をこえた暴力により身体に損傷を生じさせること。時には死に至る場合もある

（2）**心理的虐待**　非難、拒否、無視、脅迫、他の子どもとの差別など心理的な苦痛を与えることで、心身の発達をそこなうこと、あるいはそのおそれが大きい状態をいう。子どもの目の前で親が配偶者などに暴力を振るう「面前ＤＶ」も虐待にあたる

（3）**養育の放棄・拒否**　子どもの健康と発達に必要な衣食住の世話をしなかったり、病気や怪我をしても医療をうけさせなかったり隠したりすること

（4）**性的虐待**　性的ないたずらをしたり、性行為を強要すること

虐待をした親からしばしば聞かれるのが、「これは躾であって虐待じゃない」という言葉である。言い訳や弁解でこう言う人間もいる一方、確信的に「虐待じゃない」と思い込んでいる人も結構いる。そして、このようなことをいう人たちは決まってこう言い切る。

「わたし自身、このくらいの厳しい躾を受けた」

「このくらいの厳しさは虐待じゃない」

ある母親は、自分の行為が明らかに虐待のレベルに達しているにもかかわらず、がんとして認めようとしなかった。

一般に、虐待をうけた者は虐待をする親になっていく危険性があると指摘されるが、こういうケースを目の当たりにすると身につまされる思いがする。この女性は福祉関係者に「このくらいの厳しい躾をしないと子どものために良くない」とまで言った。自嘲的な姿勢も感じられるが、半分は真面目にそう思い込んでいるようだ。

「あなた自身もこんなに厳しい扱いをうけたのですか」と聞くと、「そうだ」という。

「しかし、あなたは親からそんなことをされて嬉しくはなかっただろう」という問いに、この女性はこう答えている。

「この躾は自分にとってありがたいものだった。だから自分の子どもにも行うのだ」

現実問題として、この女性は社会的に不適応を起こしていた。周囲との人間関係がうまく形成できず、仕事もほとんど長続きしない。それにもかかわらず、「この厳しさは子どもがしっかり生きていくために役に立つものだ」という。この言葉が説得力を持たないのは明らかだ。

離婚した夫はこの女性の行為について「自分が親から受けたことの仕返しを我が子にしているかのようだ」と語った。

しかし、すべてがこのような世代による悪循環型のケースばかりではない。手をかけて大事に育てられた人間が、暴力をふるい出すこともあるのだ。さまざまなバリエーションがあるので、ここでいくつかのケースを見ていただこう。

我が子を捨てて消えたハルミ

ハルミは17歳で彼氏のトオル（18歳）と同棲状態となった。その前に高校を中退しており、家出同然のようにして同棲が始まった。

カネがあればトオルや仲間と酒を飲んだ。楽しかった。彼氏は型枠大工だが、働かないことも多く、ぶらぶらと二人で過ごすことが多かった。それでも結婚することは彼女のひとつの夢だった。

18歳でハルミは妊娠、できちゃった結婚で籍を入れた。結婚は友人の間では一番乗りで、周囲からは羨ましがられ、鼻も高かった。そして女児を出産した。

トオルの親は、子どもができれば彼らの生活も安定するだろうと、この結婚に一縷の望みをかけていた。しかし、子どもができても生活は変わらず、仕事は行ったり行かなかったりで、金があればトオルは妻をおいて友人と飲みに出かけた。ハルミは子どもがいるために遊びに行けないことが腹立たしかった。

「なんであたしだけがおまえ（赤ん坊）のウンチの世話ばかりしなくちゃいけないんだ」

ハルミは赤ん坊を恨めしそうに眺めながら、今ごろ盛り場で楽しそうに遊んでいる友だちのことを想像して癇癪を起こしたという。

ハルミは子どもに八つ当たりをするかのように、暴力を振るうようになった。そして、結局、ハルミは赤ん坊を実家においたまま、別の男性と姿を消してしまったのだ。

我が子は自分の自由を束縛する邪魔な存在でしかなかったらしい。

さて、この事例はいかがだろう。

26歳のトモミは看護師をしていたが、妊娠を契機に病院をやめた。多忙な看護師生活と比べると専業主婦はひどく暇で、妊娠中は極楽のような生活だと感じていた。しかし、出産して子育てに専念するようになると次第に疲れるようになったという。夜泣きがひどく、思うように眠れないため慢性的に体調が悪かった。

一方、夫は泣く子どもに対して「うるさい、何とかしてくれ。明日は大事な仕事があるんだ」などと言い、育児に協力的ではなかった。

子どもは思い通りにならず、育児がこれほど大変なのかということを思い知らされた。トモミは看護師としてはてきぱきと立ち働き、上司や医師からも手際が良いと褒められていた。それだけに、自分の子どもにこれほどてこずる自分が情けなかった。

そんな生活の中で、トモミは子どもに向かって罵詈雑言を吐き、ひどく折檻するようになった。顔を醜くゆがめ、まだ言葉も満足に喋れない赤ん坊をののしるのである。

トモミはそんな自分に耐えられなくなって、継続的なカウンセリングを受けにきたのだった。彼女は筆者にこう語った。

「子どもの顔を見ていると、まるで子どもから『おまえは駄目な人間だ。無能な人間だ』と責められているような気がしました。そう思うと、子どもが憎らしくて我慢できなくなってくる」

この母親は、育児ノイローゼの状態にあることがおわかりいただけるだろうか。母と子だけの密室状態のなかでは、このような形で心理的に追い詰められていくことがしばしばあるのだ。

次の例はもっと身近に感じられるケースかもしれない。それだけに筆者はこうしたケースに着目している。

肥大する「いい母」願望

32歳のサエコは自分が虐待をしてしまうのではないかと恐れるあまりカウンセリングにやってきた。彼女は大学院の修士課程を修了し、企業の研究室で働いていたが、出産後体調不良を繰り返し、結局職場を辞めてしまったという。

彼女の場合、虐待というよりも虐待恐怖症といったほうが良いかもしれない。

「いらいらして気がつくと、子どもをぶっているのです。私は子どもにとってよい母親になりたいと強く願っていました。ところが、思うように育児ができないとき、とても惨めな気持ちになり、気が付くと子どもに辛く当たっていたり、ぶっていたりするのです」

そんな自分の駄目さかげんに気が滅入り、ひどく落ち込んでしまうという。そしてまた気がつくと、子どもに辛く当たっているというのだ。それの繰り返しで、「このままでは、自分で自分をコントロールできなくなり、虐待に走ってしまいそうで怖い」と訴えるのだ。

このような女性は意外に多い。出産前は良い母親になろうと意気込んでいる。育児書や育児雑誌を買って丹念に読むうちに、パーフェクトな育児を目指そうとする。ところがその志の高さゆえに挫折が始まるのだ。

子どもは育児書どおりに育たない。冷静になって考えればすぐわかることである。育児書どおりに育つわけがない。ところが、マニュアルどおりに育たない我が子にことのほか強い不安や焦燥感をおぼえ、自信欠乏と焦燥感に苛まれるのである。

気が付くと、子どもに八つ当たりしたり、暴力を振るっている。

そこで、こうした母親は「そんな馬鹿な」とはっとする。我に返って「子どもにとって母親は安定しているべきであるのに」「そういう母親になるべきなのに」と、自分を強く責めるのだ。

彼女たちの頭の中には、いろいろなところで仕入れた「理想の母親像」がインプットされている。いわば参考書的、教科書的な知識はびっしり詰まっている。そして、そうならなければいけないという高い理想を持っているのだ。

彼女たちの育児がうまく行かないのには、仕方のない面はある。核家族化が進み、出産をして初めて赤ちゃんを抱いたという女性が少なくないのだ。だから「赤ちゃんは昼も夜もよく泣く」という当たり前のことが受け止められない。またマンション化が進むと、気軽に行き来して助け合える仲間も簡単には見つからない。

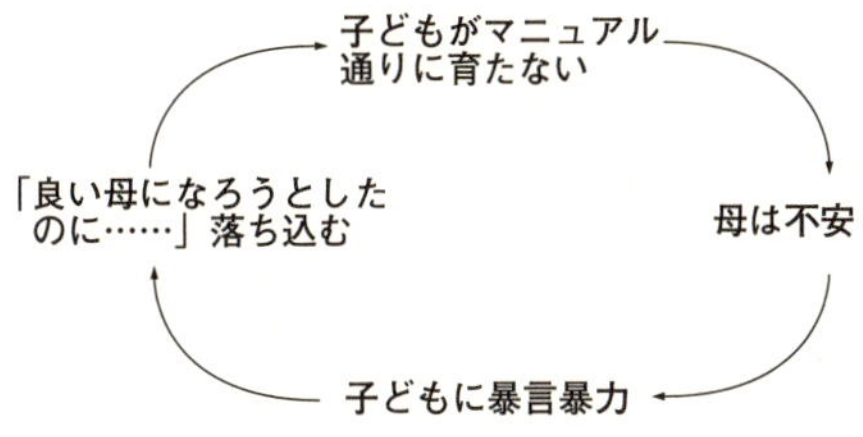

虐待をめぐる悪循環

自分でとめることができない暴力は、「自分は虐待をしてしまうのではないか」という恐怖心に変わって母親を圧倒する。不安感や焦燥感は次第にエスカレートし、結果としてひどい暴力を生み出していくのだ。

彼女たちは、育児をないがしろにしているわけではない。むしろ逆だ。良い母親にならねばならぬという肥大した思いがあり、それゆえに虐待へと走っていくのである。なんという逆説的な行動なのだろうか。

このような新たな児童虐待の背景には、パーフェクトな女性でなくてはならないという心理が関係している。

仕事も家事も育児も完璧にこなす。そんな幻想に囚われる女性が少なくない。筆者はこれをパーフェクトウーマン・コンプレックスと呼んでいる。

特に仕事の出来る女性のなかには、これまでと同じように育児も完璧にできると考える女性がいる。そして、現実とのギャップに打ちのめされるのだ。

実家の母親が抱けば子どもはすぐに泣きやんだのに、自分ではそうはいかない。夫には、「明日重要な仕事があるんだ。何とかしてくれ」と突き放されるだけ。ますます孤立し、場合によっては虐待に至ってしまう。こんな悲しい虐待は何なのだ！

ノーバディーズ・パーフェクト・プログラム

家裁調査官は、児童虐待事件でも重要な仕事をしている。

こう言うとちょっと意外に思われるかもしれない。児童虐待といえば児童相談所というのが一般的な理解だろう。確かに児童相談所は児童福祉最大の担い手である。

児童虐待の実態があれば、児童相談所は子どもを保護し、虐待をしている親から引き離す。そして、児童養護施設等で生活させることになる。しかしこれには予想外に困難な事態が立ちはだかることが多い。親が反対することがあるからだ。

親は虐待を認めないことが少なくない。そうすると、必然的に児童相談所と親は敵対関係になり、子どもの保護に親が反対するのだ。

児童相談所は残念ながら、親権者の意に反してまで子どもを児童養護施設に入れることは出来ない。それでも子どもの福祉のために、児童相談所が必要と考える場合には、家庭裁判所にその承認を求めてくることになる。承認があれば、引き離しができるのだ。これは「児童福祉法28条事件」と一般に呼ばれている。

ここで登場するのが家裁調査官だ。裁判官からの命を受けて、調査活動に入る。親に会い、子どもにも会い、状況を多角的に調査し、親権者の意に反してまで福祉施設に入れる必要があるかを徹底的に調べる。そうしてその結果は裁判官のもとへ報告される。

パーフェクト幻想に囚われる母親が増えるのは日本だけにとどまらない。欧米ではむしろ主流になりつつあるのだという。

「完璧な母親などいない」。こういうメッセージを掲げた母親支援のプログラムがある。ノーバディーズ・パーフェクト・プログラム（ＮＰプログラム）だ。これはカナダ発祥の「親」学習プログラムで、地域とのつながりを持てないまま、孤独で不安な子育てを余儀なくされている母親を支援しようというものだ。

親が子どもの発達や子育てについて学び合い、育児情報を得ながら自分の育児に自信を持ち支え合えるようにと、0歳から5歳までの乳幼児を持つ親を対象に作られた。1980年代にカナダ保健省とカナダ東海岸4州の保健機関が共同開発し、1987年よりカナダ全域で実施されている。日本では2004年にカナダ保健省からの公認を得て、「Nobody's Perfect Japan（通称NPジャパン）」が活動を開始した。

母親たちは研修を受けたNPファシリテーターのもとで、原則として週1回、各2時間ほどのセッションを6回から10回受講する。セッション中は保育が用意されており、参加者は安心して参加することができる。また、「からだ」「安全」「こころ」「行動」「親」の5冊シリーズのテキストを教材として備え、必要に応じてテキストを参照しながらプログラムが進められていく。筆者の勤務する立正大学社会福祉学部が運営する地域子育て支援センター「ベアリス」でも、このプログラムを施行している。

新たな児童虐待は、パーフェクト主義の裏返しとしての無力感により起きていた。じつはこの無力感は、前章で述べた「母が重たい症候群」にも通底している。

「家族システム」を治療する

このままでは虐待してしまうと訴える母親たちを、どう治療すべきだろうか。

臨床心理学のなかでも家族療法の立場をとる筆者は、このような事例では、母親だけが悪いとは考えない。これが基本の考え方だ。家族療法では、家族のシステムを変えることによって、個人を良くしていこうとする。

家族システムとは、家族のコミュニケーションシステムと言い換えても良いだろう。そして孤立や非行、不登校といった行動・症状も一種のコミュニケーションと考えるわけだ。つまり、そうした問題を通して、当事者は何かを伝達していると考えるのだ。

サエコのケースでは、サエコ自身に問題があるとは考えず、サエコと子どもとの「関係」、そして家族三人の「関係」において悪循環のシステムができあがっていると考えるのだ。そして、このシステムを変えることが治療目標になる。

我々はこの母親を責めることはしない。むしろ、彼女をサポートし、勇気づけ、システムそのものを変える工夫を母親と一緒に考えるのだ。

子どもにイライラする自分を責めて落ち込むサエコには、「子どもに対してイライラするのは当然なのだ」というアドバイスから始める。「やめるように」というのではなく、「当然なのだ」とサポートする、これは逆説的な介入と言えるだろう。

他の介入例を挙げると、過保護・過干渉な母親がいて、その態度が子どもに災いしているとする。その場合も「過保護・過干渉をやめなさい」とはいわない。逆に「(過保護・過干渉なのは)とても子どもに愛情が深いのですね」とアドバイスする。

子どもにイライラする母親に対しては、その子育てのサポート体制を検討していくことも重要になってくる。

サエコへの主なサポートとしては、通常、まず夫が彼女をサポートできるように、家庭内のシステムをつくっていった。夫は家族のシステムを考える上で、最も重要なキー・パーソンだ。

育児不安や育児ノイローゼの親の多くは、いわゆる孤軍奮闘型が多い。夫がうまく関わるようにサポートしていくことは効果が大きいため、夫もカウンセリングに来てもらった。

初めに筆者は、「わざわざ休みをとってカウンセリングに来てもらったことに、深く感謝している」と夫を最大限ねぎらった。

実のところ、夫はカウンセラーに叱られると思って、内心びくびくしながらカウンセリングに来たそうだ。筆者は、「あなたの協力が一番の助けになる」と、ゆったりと説明し、その上で、サエコに、「きちんと自分のつらさを夫に話したらどうか」と促した。

サエコは、真摯に説明し、夫に協力を求めた。すると、夫もサエコの思いに同意した。「よくわかった」としんみりと受け入れたのだ。

その後、夫は子どもの夜泣きにも、感情的にならなくなった。そうすると不思議なことに、子どもの夜泣きは減少したのである。

さらに、筆者は、サエコが気分転換できるような場面をつくることを提案した。友人との自然な交流を促すアドバイスを行った。彼女のように孤立しがちな母親は、自治体が開催している「親子のひろば」のような集まりに全く気づいていないことがある。その場へ行けば、同じような育児の悩みを抱えた母親たちと交流することができる。

また、その一方で、サエコには、子どもと接するときに、自分の気持ちを落ち着かせるために、自分でできることを検討してもらった。

不安を減らすイメージ化

サエコは不安感が強くなると、せっかちになり、言葉が早口になることがわかった。そこで、子どもといる時は、意識的にゆったりと話してみてはどうかと提案した。このような話し合いをしていくと、不安を鎮める自分流の方法を見つけることができるようになる。例えば、不安感が高まったとき、こぶしに力を入れてみる、そして、その力を抜く。頭の中に「引き出し」をイメージし、とりあえず心配事はその引き出しにしまい込んでみる（とイメージする）のでもいい。その人に応じた不安感の軽減の仕方を模索してみるわけである。

サエコの場合は、この「引き出し」を下腹部あたりに想定してもらって実践した。我々の下腹部には丹田《たんでん》と呼ばれる部位があり、古来、我が国では、武道その他で、この丹田を重視してきた。腹式呼吸をしてもらい、丹田に力を入れながら、「嫌なことをとりあえず引き出しの中にしまう」というイメージをするのもいい。これは言い換えれば、「腹に収める」と表現されることのイメージ化だ。

いろいろと試行錯誤をして、うまくいけば、「うまくいった」というプラス・イメージで自分をほめてみる。こういうことを積み重ねていくことが効果的なのだ。このようにして、サエコは精神的な安定感を取り戻していったのだ。

核家族化と虐待は無関係ではない。核家族化した現代家族においては、子育ては親子だけの密室で行われることになる。もし家庭内に祖父や祖母がいたらどうだろうか。母親は祖父母の世話も負うだろうが、子どもを祖父母に見てもらう時間も得ることだろう。

もし子どもにひどい折檻をすれば、祖父母は止めに入るはずだ。ところが止めに入る存在がいなければ当然折檻はエスカレートする。

ところが、核家族化し、しかも近所との関わりが切れてしまっている現代社会では、このような虐待を抑止する社会システムが機能しないのだ。

前述した虐待恐怖のサエコは、とどのつまり自分で自分をコントロールできないことが大きな不安となっていた。そのことを思い出していただきたい。

間違ったことをしたら誰かが止めてくれる。行き過ぎたことをしたら誰かが止めに入ってくれる。これは大変にありがたいことだ。そして、このことは子育てに安心感とゆとりを生み出すのだ。

誰かが自分を止めてくれる。サポートしてくれる。このことによって、私たちは安心して子どもを叱ることができるし、子どもにゆとりを持って愛情を注ぐことができるのだ。

虐待が社会問題となっている現代、我々は安心して子どもを叱ることができる環境、そういうことにもっと関心を向けなければならないのではないだろうか。

母親の愛の二面性

深層心理学の見地から「母親」、そして「父親」の役割を考えてみたい。

母親あるいは「母なるもの」というと、どのようなイメージを思い浮かべるであろうか。赤ん坊を育てはぐくむ慈愛にみちた母親イメージを想像する人も多いことだろう。しかし、山姥や鬼子母神のような子どもを喰い殺してしまう恐ろしい女性イメージも存在している。

分析心理学の始祖C・G・ユングは「母なるもの」について、グレート・マザー（太母）のイメージを論じている。グレート・マザーは、母なるものの元型であり、あらゆるものを「産み育てる」肯定的な側面と「子どもを呑み込んでしまう」恐ろしい側面の二面性を有しているという。

前章で触れたように、乳児にとって母親は絶対的な存在だ。母親は自分を育ててくれる優しい存在であると同時に、もし母親から養育を拒否されると、子どもにとってそれは死を意味する。母ほど優しいものはないと同時に、母ほど恐ろしいものはないのだ。

母親は子どもを抱きかかえて育てるが、抱え込みすぎると、それは子どもの自立を妨げる存在となる。つまり子どもの自我の芽生えを呑み込んでしまう恐ろしい存在でもあるのだ。これこそが母の愛の二面性であり、母親という存在の抱える深い矛盾でもあるのだ。

子どもは思春期に至ると、多かれ少なかれ、母親を乗り越えていかなければならない。母子分離の体験である。思春期の心理的な問題の多くには、この母子分離の問題が含まれている。

おとぎ話や童話の中には、このような母子分離をテーマにしたものが少なくない。グリム童話の「白雪姫」も母子分離のテーマとして読むことができる。白雪姫は日本でもよく読まれている童話のひとつだ。

白雪姫の継母が、魔法の鏡に向かって「世界で一番美しいのは誰か」と訊く。それまでは「王妃、あなただ」と答えていた鏡が、やがて白雪姫が美しく成長すると、「世界で一番美しいのは白雪姫だ」と返答が変わる。虚栄心の強い継母は、白雪姫に強い妬みの感情を持ち、白雪姫を抹殺しようとする。しかし、最後は白雪姫に殺されてしまう。

グリム童話は19世紀、ヤーコプとヴィルヘルムというグリム兄弟がさまざまに語り伝えられた話を集めたものだ。白雪姫の恐ろしい継母は、実は実母であったという指摘があり、その説を支持する者も多い。そう考えると、この話は娘と母親との闘いを意味する物語とも考えられるのだ。

するとこの童話は、白雪姫が女性として一人前に自立していく過程のなかで、母親を乗り越えることの苦闘として読むことが可能である。女性が自立するための闘いは生きるか死ぬかの苦しい状況を経て達成される。

この話で面白いのは、子どもを喰い殺す女性イメージが出てくることだ。

王妃は狩人に白雪姫を森へ連れて行って殺害し、白雪姫の「肺と肝臓」を持って帰れと命じる。狩人は白雪姫を殺すに忍びず、森で逃がしてやり、代わりに猪を殺してその肺と肝臓を持ち帰る。

王妃はそれを白雪姫の肺と肝臓と思い、塩茹でにして食べてしまうのだ。考えてみれば恐ろしい話だ。

狩人に見逃してもらった白雪姫は、森をさまよい、やがて七人の小人の家にたどり着き、命を救われる。

一方、白雪姫が生きていることを知った継母は、次々に白雪姫殺害計画を繰り出していく。最初は物売りの格好で白雪姫のところに来て、飾り紐《ひも》で殺害しようとする、さらに、毒を塗った櫛で殺害しようとするが、いずれも小人に助けられる。

最後は、よくご存じの毒リンゴだ。つい毒リンゴを食べた白雪姫は死んでしまう。今度ばかりは小人も救うことが出来ない。そこへ王子様が現れて、白雪姫を生き返らせ、めでたく二人はゴールインするというお話だ。

最後の白雪姫の復讐劇も陰惨である。二人の婚礼の式典に呼ばれた継母は、最後、焼けた鉄の靴を履かされて、のたうち回って倒れてしまうのだ。

どうだろう、この童話にはイソップ童話のような教訓はあるだろうか。おそらくない。強いて挙げれば、悪い奴は最後は負けるということぐらいだろうか。

「白雪姫」を好むのは誰か

この物語をさらに細かく読み込んでいこう。

登場する小人というのは不思議な存在だ。身体は小さくて子どものようだが、子どもではない。では大人かというと、子どものようでもある。この小人が重要な役を演じているのは間違いない。

筆者は、小人という存在に、大人と子どもの中間領域、いわばグレーゾーンを見る。子どもから大人の女性へと変わっていく白雪姫が、この中間領域にとどまり、ここで幸せを享受しようとしたところに、「大人にならなければならないが、大人になるのが怖い」という少女の恐れや戸惑いが表現されているのではないかと考える。だから、大人に変貌しなければならない白雪姫は、この心地よい小人の家にとどまっていることは出来なかったのだ。

継母が殺害をたくらんだ動機は、白雪姫が美しい女性に成長して、自分の美しさを凌駕したからだ。継母の殺害手段を見てみよう。飾り紐、櫛、いずれも女性を美しく飾るためのものだ。最後の毒リンゴ、真っ赤なリンゴは女性性を象徴するものと考えても良いのではないか。

白雪姫は、女性の美しさにかかわるもので殺されかかるのだ。

逆説的に聞こえるかもしれないが、子どもから成人女性へと変貌するためには、死と再生のプロセスを辿らなければならない。子どもの白雪姫はいったん死ななければならない。生まれ変わるための死だ。そして、王子によって蘇る。まさに死と再生のプロセスが象徴的に表現されている。

また、一人前の女性になるためには、母親をも乗り越えなければならない。この童話にはその母親殺しが象徴的に描かれている。

我々は一人前になるために親殺しを行わなければならない。もちろん、実際に殺すわけではない。心理的な意味での親殺しだ。

この童話が、読み続けられているのはなぜだろうか。筆者が考えるのは、この話を聞いて喜ぶのは、子どもではなく、実は母親の方なのだということだ。

母親はこの話を子どもに語りながら、自分自身の成長を振り返ったり、嚙みしめたりするのだ。つまり、この話の深層心理的なテーマは、母親を乗り越えるということは恐ろしく大変なことなのだということではないか。そして、一人前の女になって自立することはこれほどに苦しいことなのだ。自分はそれをやり遂げてきた。やり遂げようとしている、あるいはまだやり遂げられない。このことを母親自身がこころの奥底（深層心理）で嚙みしめる。

母親の立場で読む「白雪姫」

では次に、今度はこのお話を母親の立場で読んでみたい。

母親の立場から読むと、物語はわが娘の美しさに対する「妬み」の物語なのだ。娘が思春期になり、女性としての美しさを開花し始める頃、母親は中年期となり容色の衰えが気になる時期に入る。この物語はそのような微妙な母娘関係を象徴する物語としても読めるのだ。

これは女性ホルモンの働きにも関係した女性特有の危機であり、「私は女性としてもう終わりなのか」「このままお婆さんになってしまうのか」という危惧は、その危機感ゆえに思わぬ不倫に走ったりするケースもしばしば見られる。

少年院や刑事施設で多くの犯罪者を見てきた坪内順子は、このような女性の心理的な危機をとりあげている。坪内によれば犯罪の初発時期（初発犯罪年齢）というのは男性と女性で違うという。男性が20歳から25歳に初発犯罪が多発するのに対し、女性は、35歳から45歳にかけて初めて犯罪に陥ることが多いという。その背景にはこのような女性独特の危機感が災いしているのではないかというのだ。しかもこのことからしばしば娘と母親が同時に危機に遭遇すると指摘する。

娘は思春期で不安定となり、異性との交遊に生活を乱し始め、家庭では母親が男性との交際にうつつを抜かす。つまり、母娘共倒れ型の危機に至るというのだ。

思春期の問題の多くは母子分離の問題を包含している。家庭内で生じる子どもの暴力も例外ではない。子どもの暴力もさまざまなケースがあり、単純に語ることはできないのだが、多くの場合に母子分離が関係しているので、ここではあえて単純化して概説してみたい。

母親は子どもを抱きかかえて育てる。母親が乳児を抱いている姿を思い浮かべていただきたい。美しい光景として思い浮かべる人も多いだろう。ところが、この子どもが乳児ではなく、思春期の子どもだとしたらどうだろう。

大きな子どもを抱きかかえている母親の姿は異様なはずである。子どもは母親から分離したいのに、母親は子どもを幼児扱いして、がっしりと抱きかかえて身動きが取れないようにしている。このような状態で子どもが母親から分離していくには、どうしなくてはならないか。

そうなのだ。殴ったり蹴ったりして母親の手を振り切ろうとするのではなかろうか。親への家庭内暴力にはそのような面が多分にあるのだ。

したがって、母親の子どもへのしがみつきが強ければ強いほど、それを振りほどくには子どもの暴力は大きくならざるを得ないこともお分かりいただけるだろう。つまり、思春期における子どもの暴力と母親のしがみつきの強さは、ある意味で正比例するのだ。

なぜ娘は父親を嫌うか

では子どもにとって、父親とはどういう存在なのだろうか。

男子にとってみれば、男としての先輩であり、乗り越えていかなければならない存在だ。多くの伝記を読むと、偉人達の多くが父親を乗り越えるためにいかに苦労したかが書かれている。父親は自分を導いてくれる存在であると同時に、自分を押さえつける存在でもある。まさに愛と憎しみの対象だ。

第二次世界大戦の終戦からそれほど間もない頃の文献を見ると、日本でもアメリカでも、非行の主たる原因は、横暴な父親、飲んだくれで暴力的な父親などが元凶になっているという指摘が圧倒的に多く、母親の母性的な優しさが非行からの立ち直りに有効であるとの指摘が目立つ。ところが、時代を経るにつれて、存在感の薄い父親の問題が取りざたされるようになった。親の問題は時代性と密接なつながりがあるのだ。

さて、女子にとって父親の存在はどのようなものなのだろうか。

思春期の女子は父親を嫌悪することが多い。

かつては「お父さん」「パパ」「おとうちゃん」などと言って父になついていた女児が、思春期になると、「パパは汚い」「お父さんの使ったタオルはさわりたくない」「お父さんの下着と自分の下着を一緒に洗濯しないで」と、態度が急変する。

そんな女性が結婚し、ひと段落つくと、「そんな時代もあったわね」と当時を懐かしみながら、再び、父親に親密さをもつようになるのだ。

これは一体どういうことか。

少し考えれば容易に想像がつくはずだ。娘は父親を嫌悪しながら父親離れの仕事をしているのだ。

これは大いなる逆説だ。女児というのは、ここまで父親を嫌悪しなければならないほど、深層心理においては父親との結びつきが強いのだ。それは父親が一番身近な異性だからである。もし結びつきが薄ければ、さらりと、好きな男性と結婚し、親離れをしていくはずだ。父親への激しい憎悪は、それができないほどに父親との結びつきが大きいと考えられる。

「なぜこんなにも俺を嫌うのか。昔は可愛かったのに」

こう嘆いている父親も、必要以上に思い詰めることはない。

父親にしてみても娘からこういう仕打ちでも受けなければ娘と分離することが難しいのではないか。

親離れとは親子双方にとって苦いものなのだ。

こうした思春期の親子のあり方から、次の事例を考えてみたい。

暴力高校生ケンジの不満

ケンジは高校に入学した年の6月に強盗致傷事件をおこした。16歳だった。

その日、パチンコ屋で所持金を使い果たしたケンジは恐喝を思い立ち、路上で弱そうな大学生を呼び止めて金を脅し取ろうとした。ところが相手がそれを拒否したので、立腹して殴る蹴るの暴力を振るい、怪我をさせたあげく、所持金を強奪したのだ。

傍若無人な事件の内容を考えると、いかにも凶悪そうな少年をイメージしがちだが、筆者が会った印象は少し違っていた。

体格はよいのだが、どこか小心な印象を与える少年なのだ。

家族は父、母、姉、本人の四人構成だが、父親は単身赴任をしている。その父の影はとても薄い。これに対して「おふくろはうるさくてしょうがない」とケンジは顔をしかめた。

母親はいわゆる過保護・過干渉で、家の中を支配しているというのだ。姉はどうかと尋ねると、ケンジは「おふくろそっくり」と吐き捨てるようにいった。

「俺をガキ扱いする」

「一人前の男として扱ってくれない」

「家の中はオンナオンナしていて嫌だ」

「何でも女っぽい考えで動いている」

筆者が、「君はいつごろからつっぱるようになったのか」と聞くと、「中二の頃からだ」という。それはちょうど父親が単身赴任した時期と一致している。

父母を呼んで話を聞くと、たしかにケンジのいうことがよくわかった。

両親から話を聞きたいのに、母親がひとりで話をするのだ。父親はかたわらで静かに相づちを打つだけだ。

「ケンジ君は、自分のことを子ども扱いするのが嫌だと言っていましたよ」

と言うと、母親はすぐさま弁解する。

「わかっているんですが、どうもあの子は要領が悪くてみていられないんです」

そして、横にいる夫をさかんに非難し始めた。

「だいたいこういうこと（非行）には父親の対応が必要なのに、このひとは単身赴任で家にいない。単身赴任の前は、仕事仕事で帰りは遅い。相談しても、ああとか、うんとか、なまくらな返事をするだけで、ちっとも頼りにならないんです。結局、私が一人で悩んできたんです」

父親の話も聞いてみたかったので、母親にいったん部屋を出てもらうことにした。するると父親にはそれなりの言い分がある。

「家に居場所がないんですね」

そしてこんなことを口にした。

「妙なことなんですけどね。私があいつ（ケンジ）のことを厳しく注意しようとするでしょう。そうすると、女房の方が妙にかばうんですね。そんなこんなで、いつのまにか子どものこと、家のことに口を挟めなくなってしまったんですね……。今となっては弁解ですが」

この夫婦の特徴はと聞かれれば、みごとなほど連携がとれていないと答えるべきだろう。母親は「相談のしがいがない夫」と言い、父は「口出しをさせない女房」という。

さて、この家族の問題はどのように考えればよいのだろう。

まず父親が適切に機能しなかったと言っていいだろう。

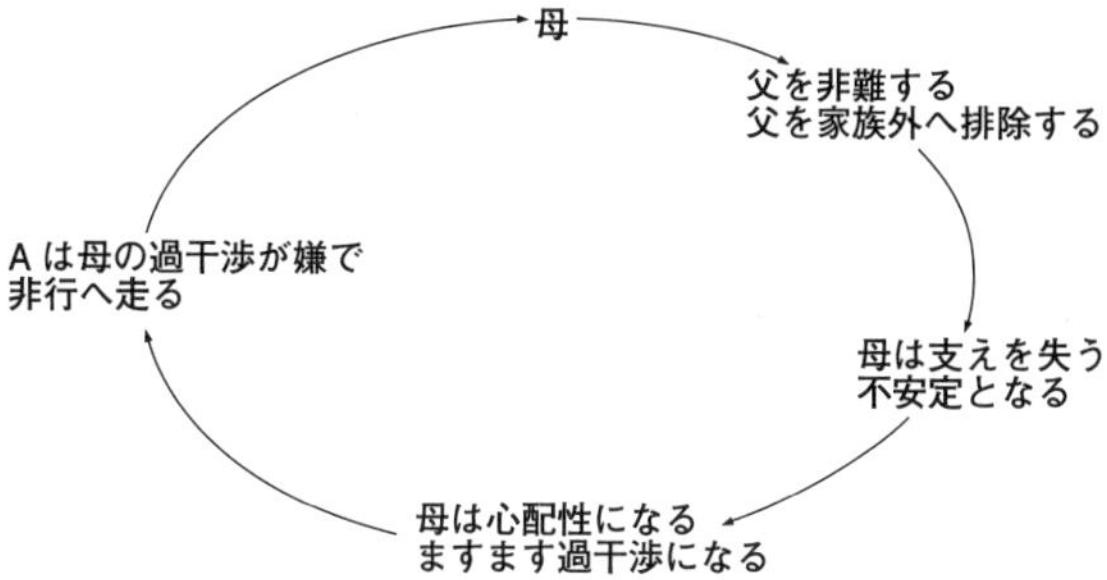

非行をめぐる悪循環

対する母親は、強くて支配的な存在に見える。しかし、こうしたケースの場合、実際は、母は決して強くはない。孤立感に苛まれているのだ。

母親は父親のことを「頼りにならない」「相談のしがいがない」などと軽視し、拒絶するようになった。そのために母親はますます家庭の中で支配的にならざるを得なくなったのだが、その一方で母親は心理的にはますます不安定になっていったことに注目しなければならない。つまり自ら、夫という支えを失ったのだ。

したがって、そのためにますます心配性になり過干渉な態度を強めていったのである。一見強そうな見かけは、その表れであり、内面の表れではなかったわけだ。

この家族の機能不全は家庭からの父親の排除によ

る母親の不安定化の悪循環と理解できるだろう。

このような悪循環システムの中で非行が現れることは、心理臨床の中で頻繁に認められる。悪循環システムというしがらみだ。

このような悪循環のシステムは前述したサエコの事例にもつながる。このシステムを変容させていくことが、前述した家族療法の重要な視点でもある。

父性が機能しない家で起こること

改めて、ケンジの非行の意味を考えてみたい。

ケンジが発していたメッセージは「子ども扱いするな」「一人前の男として扱え」というものだった。であればケンジはケンジなりに、「オンナオンナしていて」「何でも女っぽい考えで動いている」家庭に対して、過度に男性性を強調することでバランスをとろうとしたものと理解することができる。

ところが、この「男性性」「男らしさ」について、ケンジは、ある種の取り違えを起こしたことに注目したい。

ケンジは「男らしさ」を強調しようとしたのだが、彼には「男らしさ」がどのようなものか理解できなかったのだ。なぜなら、困ったことに父親が男性としてのモデルになりえなかったからだ。そこでケンジはある錯覚に陥ってしまった。つまり、ケンジは「男らしさ」と「乱暴」を取り違えたのだ。

「乱暴になること」と「男らしさ」は違うはずだ。だが勘違いしたケンジは、どんどん乱暴になっていった。このことがある種の風を起こし、前述の悪循環の風車をくるくると回したということになろう。

筆者との面接の中で、父母はこの悪循環に自ら気付き、家族関係は改善されていく。そして、ケンジも立ち直っていったのである。

現代はとかく父親の役割が見えにくい。

かつては「男は仕事、女は育児」などという役割分担もあったが、現代は女性も男性同様に社会で働く時代だ。ただ仕事をしているだけでは父親の役割を果たしているとは当然言えない。また、前述したように、戦後、家制度が廃止された。一家の長として床の間の前で、でんと威張っていればそれで父親の役割が全うできたのはもう過去の話だ。家でどのような役割を果たせばよいのかわからない、家には居場所がない。そういう悩みを打ち明ける男性が少なくないのだ。

父親の役割とは何かということを考えるのは少し難しい。だが父親がきちんと機能しない家庭の特徴はかなりはっきりしている。母子密着がおこるのである。その様々な形態を挙げてみよう。

・母親が子どもを支配してしまっている
・母親が、夫に対する不満を子どもと密着するかたちで発散している
・子どもは母親に対してわがままに振る舞うが、外では自己主張できない
・子どもは世間のルールや決まりを理解していない
・内弁慶な子どもが、母親を支配してしまっている

誕生までの期間、母親と子どもは一心同体だった。ある日から肉体は分離するが、心理的にはまだまだ一心同体という期間が長く続く。その状態から思春期を経て母子は分離し、子どもは一人前の大人になっていくのだ。

このとき父親は、母子分離を促進するという重要な役割を果たしているといえよう。だから家庭というのは、まず夫婦ありき、なのである。その堅い絆の上に子どもが乗

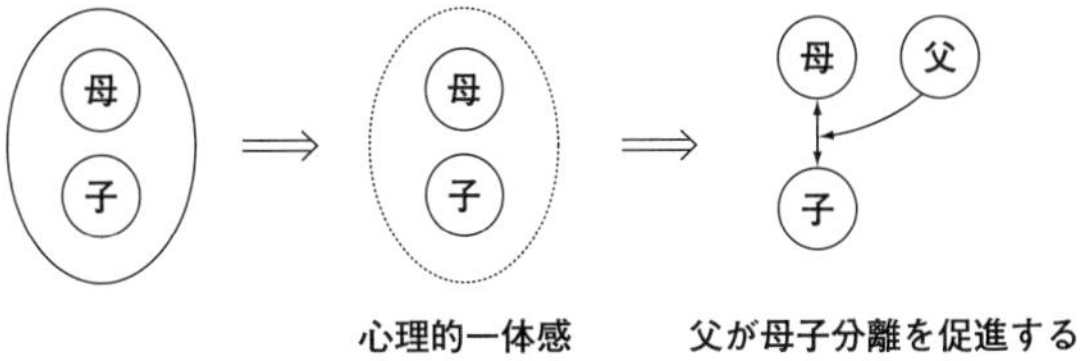

母子分離と父親

らなければならないのだ。

　ここで筆者は父親の役割という言葉よりも父性という言葉を好んで使いたい。なぜならば、父性は母親が行使することもできるからである。父親の役割というと、まるで父親がいないときちんと子どもが育たないような誤解を与えてしまうが、母親と子どもだけの家庭でも立派に子どもは育つ。ただし、その場合、母親が母性と父性を使い分けて、人一倍苦労しているのだ。シングルマザーの大変さの一端はここにあると言えるだろう。

　かつて筆者はベテランの高校教師からこんなことを聞いたことがある。

「君、母親というのはだね、子どもが飢えているときにはものを盗んででも、ものを食べさせるものなんだよ」

　これは非常に極端ではあるが、母性の一面を鋭く突いている。「わが子の育成をまず第一に考える」、これは母性の一つの側面だ。これがさらに高じると「子どもの成長のためには手段を選ばない」という雰囲気をうみだす。

これに対して、父性というのは、少し距離を置いて、子どもに世の中のルールや規則があることを教えるということが強調されるだろう。

母性と父性はどちらがよいというものではない。バランスが大切なのである。

例えば、「ルールを守れ」「秩序を守れ」、そんなことばかりが強調される社会というものはいかにも窮屈だ。これは父性が強調される社会ということになろうか。ところが、逆に、「我が子の成長のためには手段を選ばない」、そんな雰囲気ばかりが蔓延した社会も困ったことになる。

要するにバランスなのだが、現代はどうかと問われたならば、筆者は、やや母性が優勢な社会なのではないかと答えたい。現代の家庭においては、いかにして父親機能を家庭内で活性化させるかが一つの課題ともいえよう。

「可愛がってくれる人」を裏切るシンジ

ここまでドメスティック・バイオレンスや虐待等の事例を見てきた。なぜ人は、攻撃行動をとるのか。ここでその基本的な考え方を紹介しておこう。

攻撃行動についてはいろいろな考え方があるが、有名な説は心理学者ダラードとミラーによって提唱された欲求不満－攻撃仮説だ。

簡単にいうと、欲求不満が攻撃を引き起こすというものだ。たしかにものごとがうまくいかない時はいらいらして怒りっぽくなるものだ。

かれらによれば、攻撃行動が起こる場合は必ず欲求不満が存在していると予測されるし、逆に欲求不満が存在するならば、それは必ず何らかの形での攻撃を生じさせるという。

かれらは欲求不満と攻撃に関して、次のような「法則」を提示している。

（1）攻撃行動の強さは、欲求不満の量に正比例する（欲求不満が強ければそれだけ攻撃は激しくなる）

（2）攻撃行動を阻止する強さは、予測される罰の強度に正比例する（罰せられるとわかっていれば《またその罰が大きければ大きいほど》攻撃は起きにくい）

（3）一般に欲求不満の強度が一定ならば、罰の予測が大きいほど攻撃行動は起こりにくく、また罰の予測が一定ならば、欲求不満の強度が大きいほど攻撃行動は起こりや

すい

しかし、これは「実験室」での成果であって、欲求不満－攻撃関係を単純化しすぎるという批判もある。

欲求不満は多分に主観的な要素が強いから、攻撃が生じている時は何らかの欲求不満があるといわれてみれば、たしかにそう思われてくる。しかし、もう少し微妙な攻撃行動の背景を考える必要性もあるのではないだろうか。

シンジは19歳の窃盗犯だ。最初は家庭からの金品の持ち出しだった。小学校時代はもっぱら家財の持ち出しを繰り返した。

高校中退後も窃盗は続く。その特徴は、友人や同僚、上司、雇い主など、自分を可愛がってくれたものから巧妙に現金を盗むことだった。もちろん発覚すれば、職場をやめざるをえなくなる。それで退職と転職を繰り返してきた。

シンジはどちらかというと口数が少ない性格で、おとなしく見える。

周囲は彼を「頼りなげ」に感じ、親切に接する。ところが、結果として裏切られ、彼は追われるようにして職場を去るのだ。

彼はなぜこのようなことを繰り返すのか。彼の窃盗は一種の攻撃行動と考えることができないだろうか。

ここで前章の「思慕していた雇い主を刺し殺そうとした青年」を思い出していただきたい。そのタケオも、自分を雇い、可愛がってくれていた勤務先の社長夫人を刺し殺そうとしたのである。このタケオとシンジには共通点がある。

それは愛を向けていた対象に対する攻撃という点である。

精神科医の福島章は、わが国の暴力犯罪者の事例研究から、かれらの攻撃行動が「甘え」の欲求に強く結びついていることを明らかにしている。

簡単にいうと、あの人は甘えさせてくれるのではないか、あの人は愛してくれるのではないか、そういう願望を相手に向け、思慕するのだが、その期待が裏切られると、今度はその人に強い攻撃を向けることになるというのである。

シンジにしろタケオにしろ、かれらの犯行の背景にはこの甘え攻撃説のメカニズムが発動していたと考えられる。とりわけタケオについてはこのメカニズムがはっきりと見て取れる。痴情関係のもつれから殺人に発展したり、愛するがゆえに相手を傷つけてしまうようなケースの多くには、このようなメカニズムが認められるのだ。

殺人事件というのは、愛情の濃い関係の中で起こることが多い。それはまさにこの甘えと攻撃の関係が濃厚だからだ。ＤＶやストーカーが残忍な展開をしたりするのも、まさにこの甘えが基底にあるからに他ならない。

そして暴力に結びつく「甘え」が、我々の社会のなかでもっとも許されている場所、それが家族なのだ。

第3章　薬物は「家族」の代用品

薬物乱用少女マキコ

危険ドラッグや覚せい剤の問題が取りざたされることが多くなった。

薬物と聞いてどんなイメージを持つだろうか。たいていの人は恐ろしい、怖いというマイナス・イメージを持つに違いない。青白い顔をした人が注射器を見つめている光景などを想像して身震いする人もいるかもしれない。

薬物乱用の恐ろしさとはいったいどのようなものなのだろうか。

やがて廃人になってしまうという怖さ。一度使ったら後戻りはできないという恐怖。しかし、それだけではあるまい。薬物の恐ろしさとは、自分で自分がコントロールできなくなる怖さなのだ。

自分が何か別物になってしまう恐ろしさ、快楽と表裏一体の恐ろしさである。

この章では薬物の問題に触れてみたい。薬物を乱用する人と実際に接すると、そこにはその人のこころの状態が驚くほど映し出されることに驚く。

欲求や劣等感、恐れ、弱さ、そういうこころ模様が映し出されるのだ。薬物とはその人の内面をみごとなまでに映し出す悪魔の鏡だ。そして、そこに家族のしがらみが関わっていることも少なくない。

マキコは17歳の少女だ。薬物を乱用しながら自動車を無免許運転したのだ。ふらふらと妙な走行状態だったので、警察官が職務質問したところ、薬物乱用が発覚してしまった。このとき彼氏のミツオ（20歳）が同乗していた。

事情を聞くと、最初はミツオが薬物を乱用しながら運転していたのだが、疲れてしまい、マキコに運転を代わった。そして、マキコが運転している時に「運悪く」捕まってしまったというわけだ。

薬物を乱用しながらの無免許運転――ずいぶん無茶な行動ではないか。大胆不敵な感じさえする。この行動からどんな少女を想像できるだろうか。

読者の方はもう想像がつくだろう、どちらかというと口数が少なくておとなしい印象の女の子だったのだ。

ではなぜそのような女の子がこんな大胆な行動をとったのだろうか。

処分を決めるための調査面接を行うため、筆者はマキコと母親を呼び出した。それは秋も終わりの、多少肌寒く感じ始めた頃だった。

最初に事件の事実関係を確認した後、筆者はまず母親とふたりで話をすることにした。

生活状態を尋ねると、父母はマキコが1歳の時に別居したという。そして、今はというと、マキコは母方の祖母と二人で暮らしているというのである。母は一人で生活している。

一体、どういうことなのだろうか。

「手の掛からない子」の反動

父母の別居のいきさつを尋ねると、母親は夫の商売が原因だと語った。

「夫は喫茶店を経営していたんですが、商売を私に任せて遊び回るお坊ちゃんで、これではどうにもならないと……それに夫には浮気もありましたし」

「それで子どもを連れて家を出たのですね」

筆者がこう言うと、母親は照れくさそうに笑って、「いいえ、私たちが出たんじゃなくて、夫に出ていってもらったんです」と言った。

ここに、この母親の人柄の一端が現れていると思う。

「私の方がしっかりしすぎていて、それが夫には気に入らなかった。それで喧嘩ばかりになってしまったんです」

こういうことになるのだろう。母親は夫を追い出した後、昼夜働くという頑張りを見せる。昼間はアパレルの販売員をし、夜は友人のスナックを手伝う……ところがそうなると赤ん坊のマキコの面倒が見られない。そこで、この母親は自分の母親にマキコを預けてしまったのだ。

さてここまで読むと、母親は頑張り屋なのはわかるが、母性という点ではどうなのかなという疑問をもつ方も多いのではないだろうか。

「マキコちゃんは小さい時はどんな子どもだったんですか」と尋ねると、母親は胸を張って「すっごく良い子で、手の掛からない子でした」と答えた。

この「手の掛からない子」というのが曲者だ。我々が非行少年の調査をすると、このように言う母親が案外多い。これはどういうことだろうか。

問題となるのは、次の二つの場合が考えられる。

ひとつは母親がきちんと子どもを見ていないという場合だ。手が掛からないのではなく、手を掛けていないのだ。

もうひとつは、支配的な母親が子どもをがんじがらめにして育てている場合だ。第一反抗期を全く許さずに育てた場合、つまり反抗を力で押さえつけて屈服させた場合、思春期にそのお釣りが来る場合が多い。このような場合に「手の掛からない子で……」という反応が返ってくるように思われる。第一反抗期とは２～４歳に生じる反抗期で、自分の意思で何でもしようとして親とぶつかる。第二反抗期はご承知のように、思春期以降に生じるものだ。

だから、筆者は「手が掛からない子」と聞くとついつい要注意と考えてしまうのだ。実際、マキコを調べていくと、小学校の時にすでに盗癖が出ているのである。

「すっごく良い子」と「盗癖」、このギャップをどう考えれば良いのだろうか。

「頭がグチャグチャの女性が自分に乗り移る」

さて、今度はマキコと個別に話を聞くことにした。

内気でおとなしそうな印象の少女に、まず薬物乱用について尋ねてみた。

「君は一人で薬物を吸うことが多いの？　それとも何人かですることが多いの？」

すると、「一人でするのは怖い」という答えが返ってきた。一人でするのは怖いとは、妙な答えだ。どういうことなのだろうか。

「一人でするとね、『薬物をやめなさい』というお母さんの幻覚が出てきたり、お母さんから見捨てられるような光景が目の前に浮かんできたりする。すごく嫌な気持ちになる」

これは、この少女の心の中に薬物をやめなければならないという気持ちがあることの表れ、と見ることもできるだろう。

一方で彼女はこのようにも言うのだ。

「友達と一緒に吸うと楽しい。おしゃべりになってきて楽しいし、友達の話を聞いていても面白い。そして自分の中の別の面が出てくる。薬物を吸っていると、身体がフワーという感じになってきて、そのうちに薬物で麻痺して感覚がなくなっちゃう。すると時には、普段とは全く反対の世界に入っちゃう」

これをわかりやすくまとめると「普段とは全く逆の自分が出てきて」「自分で自分が恐ろしくなる」ということのようだ。

「何をしても怖くないという気持ちになる。薬物から覚めると、そんな気持ちになっていた自分が恐ろしくなって冷や汗が出る。例えば、薬物を吸ってる途中で友達と揉めるでしょ、そういうとき、何をしてもへっちゃらという気持ちになって、物を持ち出したり、ええい、殺しちゃえとか思った時もある。でも覚めると、そんな気持ちになった自分が怖くなって、冷や汗が出る」

さらにマキコは、使用中には時々取り憑かれ体験をすると語った。

「頭がパーマでグチャグチャで、頬に醜い火傷の跡のある女性が目の前に現れて、それが、こう……自分の方に近づいてきて、そして、ドスンと自分に乗り移る。すると、何があっても平気、怖いものなんか何も無い。そういう気持ちになる。あとで友達から『さっき、あんたすごい目つきしてたよ』なんて言われたりする」

つまり幻覚を見ているのだ。筆者が「その女性、誰かに似ていない？」と聞くと、「頭がパーマでグチャグチャなところはお母さんに似てるけど、お母さんには、頬に火傷の跡なんてないし」と首を傾げる。

しかし、この女性は、やはり母親の表れ、少なくとも母親の否定的な部分の表れと考えることができるだろう。

さらに心理テストなどをしてマキコの内面に関わっていくと、この少女は変化を見せ始めた。「無口な少女」はどんどん雄弁になっていったのだ。

そして、意外な生活実態も明らかになった。

マキコはミツオと半同棲のような生活をしている。その模様を聞いていくと、どうもマキコはミツオを尻に敷いて支配している様子なのである。

この子は「無口で内気」「小さいときはすっごく良い子で手の掛からない子だった」。しかし、母親の語るこのような少女の姿というのは、母親が押さえつけて作り上げた人格像であり、実はこの子の本当の性格は、勝ち気で支配的な、母親そっくりの性格だったのである。

さらに言うと、マキコはその本当の自分を生きていない。ところが、薬物を使うと、そのような押さえつけられている本当の自分が出てくるのである。それはマキコにとって非常に強い快感なのである。

マキコの場合は自分本来の生き方ができていないのだ。この場合は、人格の中のバランスが崩れていたといえる。ところが薬物を吸うことで、その崩れたバランスが引き戻されるわけだ。このように考えると、薬物というものは崩れた心的なバランスを回復する方向に働いていることに気付かされる。

身体的快感と心理的快感

薬物はもちろん有害であり、絶対に使用してはいけないことはいうまでもない。しかし、薬物には、このように自分の抑圧している部分、押し殺している部分、そういう面をぐーんと引き出すような作用もあるのだ。だから気持ちが良いのだ。

筆者は薬物の快感を便宜的に、身体的快感と心理的快感に分けて考えている。

薬物だから当然身体に働きかけて快感を起こさせる作用がある。しかし、それだけではなく、このような心理的な補償作用としての快感もあるのだ。これらは双方に目を向けなければならないものだ。心理的な面ばかりに目を向けるのも不十分だ。だからといって、身体的な薬理作用だけを取り上げて対応策を考えるのもまた不十分というべきだ。

ここで、この心理的な快感をもう少し詳しく考えてみたい。心理的な補償作用としての快感とはいかなるものか。

誰のこころにも、影のような部分がある。これは自分の弱点であったり、人に見せたくない部分、醜いと思っている部分だ。そういう部分が必ずある。

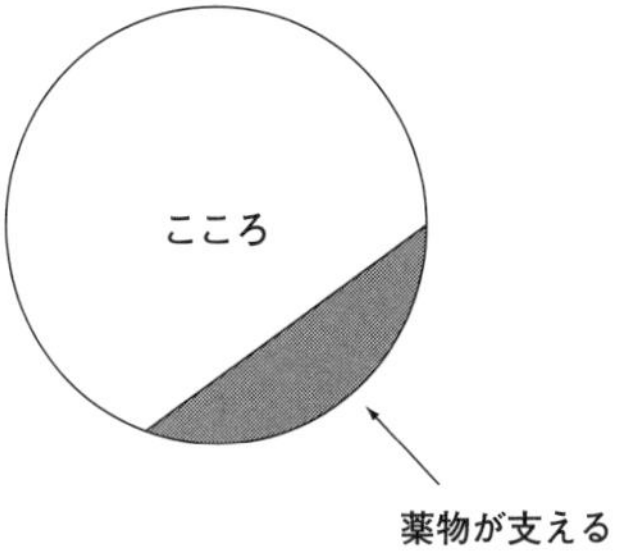

こころの影と薬物

薬物はそういう部分を巧みに支えるのだ。もちろん「薬物を使用している間は」という意味である。だから気持ちが良いのだ。

薬物というのは、恐ろしいほどみごとにその人の影の部分を探し当てる。そして、そこを支える。

このように考えると、薬物を使用している時に現れる言動や症状を見ればその人のこころの様子がよくわかることが理解していただけるだろう。まさに鏡なのだ。

薬物と聞いただけで、自分にはわからないものだと後込みをする人がいるが、アルコールを飲んだことのある人であれば、多かれ少なかれ、薬物は理解できる。こころの影の部分を支えるということでは、アルコールも同じなのだ。普段言えないことを言えたり、大胆な行動を取るようになる人は珍しくない。

こころの影の部分を、薬物が支えるのでなければ、一体、何が支えるのだろうか。特に、成人になる前を考えてみてほしい。

すでに、察しの良い人はおわかりいただけたと思う。この支えは、本来は家族が行うべきところなのだ。その支えを受けながら、子どもや若者は成長していく。ところが、家族によって支えられないとき、何か別のもので支えなくてはいけなくなる。それが、不良交友であったり、薬物であったりするわけだ。だから、薬物乱用の背景には、家族の問題が介在することがしばしばあるのだ。

筆者はマキコには薬物をやめさせるための指導を継続的に行い、毎日の生活リズムを安定させるようにした。きちんと同じ時間に起床し、規則的に食事をとり、規則的な生活を実践させた。母親にも協力を求めた。その一方で、押し殺している自分を回復させるようなカウンセリングを継続的に行ったのだ。

薬物に対する指導は、心理的な支援だけでは不十分だ。薬物をやめさせ、生活そのものを変えさせる指導も当然重要である。これらはどれも欠くことが出来ないものなのだ。

「先生、『術』って知ってるかい」

筆者が薬物乱用のケースに初めて出会ったのは、まだ大学院に通いながら、教護院（現在の児童自立支援施設）で非常勤の心理判定員の仕事をしている頃のことだった。手探りで非行少年たちへの箱庭療法の適用を試みていると、ある中学生の少年がこういったのである。

「先生、『術』って知ってるかい」

その時はじめてかれらがシンナーを吸いながら「術」を使って遊ぶことを知らされたのだ。

彼が言うには、数人でシンナーを吸い、酩酊すると、「手から光線を発して、相手にぶつけて」遊ぶのだという。

これは妙だと言えないか。幻覚とはその人が勝手に見る幻であろう。しかし、みんなが一緒に見ているのである。しかも、その光線をぶつけられた相手は「痛み」を感じるという。

まさに奇妙だ。これは幻覚を共有化しているといえる。

また、「念力」を使ってものを持ち上げたりする。例えば、花瓶を「念力」で持ち上げる。これも単なる幻覚であれば個人が勝手に見ている幻である。ところが、みんな同じように見ているのだ。

「おお、持ち上がった。持ち上がった」、こういって、盛り上がったりするわけだ。まさに幻覚の共有化が起こっているのだ。

さらに不思議なことは、彼がこう言ったことだ。

「先生、『術』が使えるようになるには、修行がいるんだよ」

ここまでくると唖然としないわけにはいかない。

危険ドラッグが身体に悪いことはいうまでもないことである。死に至らしめたり、廃人にしてしまったりすることは周知のことだ。ここでは薬害については触れない。

さて、このように薬物や危険ドラッグが有害であることは教師や大人たちがさかんに青少年たちに聞かせているはずである。ところが、それらに走る若者たちが後を絶たないのはなぜだろうか。

「身体に悪いよ。廃人になるよ。死ぬよ」

口を酸っぱくしていっても彼等はやめようとしない。一体なぜなのか。

健康論や道徳論だけではなぜだめなのか。そこを考えなければなるまい。

筆者はかつて家庭裁判所でシンナー講習なるものを担当したことがあった。講習を受ける者はシンナー乱用で捕まった少年たちで、乱用程度が比較的軽い者たちを想定していた。

シンナーは有害である、恐ろしいものだ。そういう内容の映画を見せ、医師の講話を聞かせ、さらに反省文を書かせる。

その映画はご想像の通り、シンナーを乱用して廃人のようになってしまった者の実態やその薬害などを記録したもので、見ればシンナーがいかに恐ろしいものかが理解できるようになっている。おそらく薬物経験者以外は見ることのない、怖い映画だ。

そこまで手を掛けても、再びシンナーを吸って家庭裁判所に送られてくる少年が結構いるのだ。

なぜなのだろうかと筆者は真剣に考えた。そして、再犯をしてきた少年にその気持ちをこまやかに聞いたりして、自分なりにその「なぜ」について整理してみた。それを書いてみたい。

中毒少年たちの言い分

ひとつはシンナー乱用少年たちには「人に迷惑をかけていない」という考えがあるということである。

「人に迷惑をかけてるわけじゃないと言っても、君の身体がだめになるだろう」

だからこんなことをいっても、効き目はない。

「俺の身体がどうなろうと、それは俺の問題じゃないか。あんたにガタガタいわれる筋合いじゃないよ」

こう返ってくるだけだ。このような薬物非行は「被害者なき非行」といっても良いかもしれない。つまり、自分のほかに被害者はいない。被害者は自分である。こういう非行は、他に、売春、援助交際などの性非行も含まれるだろう。この非行の形態は、罪悪感が持ちにくいところに特徴がある。

二つ目は我々、指導者側がシンナー遊び等の薬物乱用を経験したことがないことに関係している。かれらには「薬物のことはあんたよりも俺たちの方がよく知っている」という強い自負心があるのだ。

「あんたはシンナーなんかやったことないだろ。俺たちは毎日やってるんだ。だから、あんたなんかより、俺たちの方が良く知っているんだ。お説教はたくさんだ」

こういう論理になるらしい。我々の訓戒や説諭は糠に釘である。

もちろん実際にはかれらは本当の意味では薬物のことをよく知らないのだ。ごく一部のことをさも良く知っているつもりになっているだけだ。

シンナーで一度捕まって講習まで受けたのに、再びシンナーで捕まってくる少年たちの言い分はこうだ。

「あの映画を見てたしかにシンナーが身体に悪いと言うことはよく分かった。だけど、あれはあれ、自分たちは違うと思っていた」

一体どういうことなのだろうか。

彼らはシンナーが身体に非常に悪いものだということは分かったというのだ。これはおそらく嘘ではないだろう。しかし、かれらは体験者同士でお互いに支え合うのだ。

「あの先輩なんて毎日吸ってるのに、大丈夫みたいだぞ」

「おまえは大丈夫か」

「ああ大丈夫だ」

「どってことないね」

「そうそう」

非行少年特有の楽天的な考え方で、こうやりとりすることで支え合う。ただしこれが本物の支え合いでないことは言うまでもない。これが三つ目だ。

最後の「なぜ」、これは非常に深刻だ。

「逮捕後にあの映画を見て怖くて怖くて仕方がなくなった。それで、その怖さをまぎらわせるために、また吸ってしまった」

これが中毒の世界なのだ。

このような少年に安易に恐怖感を増大させると、それが引き金になって吸引を促進する場合がある。つまり、誰に対しても怖がらせれば良いというものではないのだ。薬物依存の程度、傾向などを考慮しながら対応する必要がある。やっかいなものだ。

かつては薬物乱用の入門編がいわゆるシンナー遊びで、それが高じると、覚せい剤へと進むという経路があった。しかもある程度、非行性が深まらないと覚せい剤まで至らなかった。ところが、最近ではシンナー遊びを経ないで、いきなり覚せい剤というケースが一般的だ。

なぜなのだろうか。ひとつには薬物の摂取の方法が変化してきているからだろう。

かつては覚せい剤は注射をして摂取したものである。しかし、それでは注射痕が残ってしまう。そのような理由もあって、最近では「あぶり」という手法で覚せい剤を摂取するのが一般的だ。これは覚せい剤をアルミホイル等の上にのせて火であぶり、気化した覚せい剤をストロー等で吸うなどして吸引する。

注射をするのと火であぶって吸うのとでは雲泥の差がある。注射は針を身体の中に入れる。これには大きな恐怖心が伴う。ところが火であぶって吸引するのであれば、煙草やシンナーとかわらない。きわめて安易に手を染めてしまうのだ。

いまの若者たちの意識は実際にどうなのか。

「覚せい剤などの薬物について、どのような印象を持っていますか」と公立の小学校五年生から高校三年生まで計約6万7500人を対象に聞いた意識調査がある（文部科学省が2006年2月に実施）。九つの選択肢から選ばせたところ（複数回答可）、「使ったり、持っていたりするのは悪いことだ」という項目を選んだ児童・生徒は、小六男子で80・5％だった。しかし、高二男子は60・7％、高三男子に至っては55・6％にとどまった。

これは驚くべき数字である。高三男子では、覚せい剤などの薬物を「使ったり、持っていたりするのは悪いことだ」という項目を選んだのは、わずか二人に一人にすぎなかったのだ。

この数字の原因のひとつには、前述したように、薬物乱用に対しては「人に迷惑をかけることではない」という意識があることが指摘できる。ここに薬物非行の一つの特徴がある。

もう一つの原因としては人間関係の希薄さが考えられる。悪いことだと答えなかった生徒は、おそらく「やりたいやつは、勝手にやればいい」という投げやりな態度が大勢をしめているのだろう。他人に対する無関心である。これは現代社会をみごとに象徴している。

覚せい剤乱用少女サヤカ

本章を、家裁調査官としてのある苦い思い出で締めくくりたい。

まだ筆者が駆け出しだった頃だ。

覚せい剤を使用して捕まったのは17歳の少女だった。このサヤカは少年鑑別所で、筆者に対してこう訴えた。

「自分はまだ覚せい剤はあまり使ったことがない」

この調査官は「信じてくれる」と踏んだのだと思う。

また、サヤカの家庭は悲惨な状態にあった。母親が精神疾患を疑うような状態で、しかも男性をとっかえひっかえ家に連れ込むのだ。

今までの状況から考えると、サヤカは少年院に送致されてもおかしくないと考えられていた。しかし、サヤカは懇願を続けた。

「とにかくもう一度チャンスがほしい。（少年院ではなく）社会で立ち直りたい」

筆者はその気持ちに賭けてみようと決意した。そして「この子を少年院に送るのは適当でない。この子の問題はもっぱら家庭環境にある。適切な環境を整えて社会の中で更生をはかるのが最善である」と意見を具申したのだ。

結局、裁判官は、しばらく様子を見ることにするという中間決定を出した。試験観察だ。

サヤカは涙を流さんばかりに喜んだ。「このチャンスを生かして絶対に立ち直る」と裁判官の前で誓った。

そして少年鑑別所を出るわけだが、家庭環境は劣悪なので家に帰すわけにもいかない。そこで、執られた措置は、適当な場所に預けるということだった。ある民間の団体に身柄を預け、そこから美容師の見習いの仕事に行くという生活指導をすることになったのだ。試験観察の中でも「身柄付補導委託」と呼ばれるものだ。

最初は順調に滑り出したかに見えた。

しかし、怠惰な生活が忘れられなかったのか、1ヶ月くらいで、サヤカはそこを飛び出してしまったのだ。

サヤカの立ち寄りそうなところを捜し回るが見つからない。どうやら自宅に戻っているらしいとの情報も入ってきた。自宅に行ったり、電話をしても、居るのはいつも妹だった。「お姉ちゃんが戻ったら、とにかくこちらへ電話するように」と伝言を頼むのだが、何度頼んでも連絡がない。

やきもきしているうちに、不穏な情報が入ってきた。暴力団員の車が彼女の家の近くをうろつき回っているというのである。しかも、覚せい剤の前科のある男が絡んでいるという。

もう悠長なことをしていられないと考え、すぐに警察にサヤカの身柄を保護してもらうように手続きをとった。

そうしたところ、しばらくしてサヤカは保護され、家庭裁判所に送られてきた。

久しぶりにサヤカと再会した筆者は唖然としてしまった。

変わり果てたサヤカ

彼女はぼろ雑巾のようになっていたのである。

目は窪み、皮膚は全く潤いを失っていた。

サヤカがいうには、40歳すぎの暴力団幹部に連れ回されて、1日7回くらい覚せい剤をうたれ、しかも覚せい剤をうっては性交をしていたというのだ。

この時、サヤカが小声でこう言ったのを今でもはっきりと憶えている。

「先生、ヤクザっていうのはすごいよ。シャブやってる女の子がいるって聞いたら、そこへサーっと集まって来るんだよ。本当にすごいよ」

この言葉は今でも筆者の脳裏に焼き付いて、エコーのように残響している。


結局、サヤカは女子少年院に送られていった。

筆者は非常に苦い後味の悪さを味わった。

筆者は彼女の決意を信じようとした。そして、裁判官を説得しようとした。

その結果がどうだ。

最初から少年院に送られていれば、サヤカはこんなに辛い目に遭わずにすんだのではないか。悶々とする日が続いた。


それから半年ほどして、サヤカの収容された女子少年院に行く用事ができた。

筆者はその時に、面会する機会を持った。

教官に連れられたサヤカを見て、筆者は胸が熱くなった。

彼女はおどろくほど女の子らしい、幼い素直な表情になっていたのだ。とにかくうれしかったことが忘れられない。

この時の感慨は、決して薬物を甘く見てはいけないという自らへの教訓となった。覚せい剤だ、シャブだ、などというと陰惨な話になってしまう。あるいはこの話をきっかけに、強い興味を持つことが危惧され、小学生などには話しにくいとも言える。

しかし、前述したように、薬物に手を出すのは犯罪性のある人にかぎらないのだ。

その良い証拠にスポーツ選手のドーピングを考えてみてほしい。

ドーピングで問題となる人たちは犯罪者だろうか。そうではない。国を挙げて応援しているようなスポーツ選手だ。いわば立派な優等生だ。

そういう人たちが薬物に染まっていく。

また誰もが知る国民的歌手や、スポーツの大スターも例外でなく、逮捕事件が相次いでいることもよく知られていることだろう。

我々も、気軽に頭痛薬や風邪薬などを服用する。広い意味での「薬」のない日常生活は考えられないのではないか。

筆者は、まずはこのドーピング問題や身近な医薬品にからめて、薬物問題を改めて考えてみることをぜひ提唱したい。この問題を切り口にするならば、小学生から大人まで薬物の問題をさまざまに討論できると思うのだ。

第4章

「家族神話」のダークサイド

どの家にもある「家族神話」

最終章では、家族のしがらみを乗り越えることを検討してみたい。

「はじめに」で、しがらみとは元々「柵」と書き、水の流れを弱めるための仕掛けだったと書いた。もう少し詳細に記述すると、川の中に杭を一定の距離に打ち並べ、柴《しば》や竹などをからみつけたものである。もともとは「柴がらみ」と呼んでいて、これが転じて「しがらみ」となったという説もある。

明治時代には、この使い方がされていたことが文学史上も残っている。森鷗外らが明治22年に創刊した「しがらみ草紙」がそれだ。これは、文壇の流れに柵《しがらみ》をかけるという使命感のもと、文学評論や翻訳に大きな役割を果たしたとされている。ただしこの使い方は、その後、急速に衰えていったといえるだろう。

実際の仕掛けとしての「しがらみ」は、現在も残存している。写真は、伊勢神宮を流れる五十鈴川に建てられたもので、木除け杭の名がある。

これには柴などを絡ませてはいないが、このように杭を打ち込んで構えられたしがらみには、上流から流れてきた大木などを受け止め、宇治橋をはじめ下流の橋などを守る

五十鈴川に並ぶ木除け杭（著者撮影）

機能がある。

このしがらみの最大の特徴は、堰《せ》き止めてはいないことだ。水流を弱めるだけで、水は流れ続けている。しがらみと堰はここが違うのだ。

家族はどうだろう。世間の厳しさから家の中を守るが、外界を遮断してはいない。外界と関わりを持ちながら、守るのである。家族が堰になって外界と隔絶してしまうと、病理的な様相を呈する。例えば、近親相姦なども、外界から孤立した家族内で生じることが多い。外界から隔絶した家族は病的になる。

だが当事者たちは日々の暮らしの中ではそういうことに全く気がつかないことが多い。その無自覚さゆえに引き起こされる不幸がある。

その意味で、家族はまさに本来の意味でのしがらみでなければならないのだ。しがらみの守り、すなわち柔構造こそが家族の守りだ。

家族を守ることは、外界を遮断することではない。また子どもをがんじがらめにしてコントロールすることでもない。また、子どもにしても、親から守られていることを自覚しながら、個を主張すべきであろう。

家族がうまく機能せず、まとわりついて足を引っ張る意味での「しがらみ」に姿を変えるときに見られるものに「家族神話」（family myth）がある。まずこのことからお話ししていこう。

どんな家族にも、その家族独特の一定のルールや非合理な思いこみがあるものだ。それによって家族が支配されることも珍しくない。このような思いこみやそれに関するところのメカニズムを家族神話と呼ぶ。

どこの家族にも独特の雰囲気がある。それはいわば家庭の匂いのようなものだ。その代表が家族神話というと分かりやすいかもしれない。たとえば「目玉焼きにはソースをかける」「納豆にはネギと生卵を加え、１００回以上まぜる」など、以前から自明のこととしてまかり通ってきたことが一つや二つはあるだろう。

家庭を離れ、結婚をして初めて、「ああ、うちのしきたりはかなり変わっていたのだな」と知ることもある。このような微笑ましい話のうちは良いのだが、客観的に見ると非合理で、家族に害を及ぼしかねない深刻な家族神話もある。

例えば、「母親はいつも家族の犠牲になっている」というものだ。その家族誰もがそのように思いこんでいる。確かに、母親はいつも自分を抑えて家族を優先させているのは事実だ。ところがさらにその奥を観察すると、実際は、母親が家族を支配しているのが見えてくる。

例えば、母親が苦しんだり我慢しているのを見て、子どもたちは自然と母親のいうことをきくことになるし、父親が強引に家を仕切ろうとしても、結局は子どもたちが母親の言い分になびく。こういう構図は、よく見られることだ。

「父親が暴力をふるうかもしれない」

こんな例もある。「子どもの問題を父親に話すと、父親は怒り、暴力をふるうかもしれない」という家族神話が母親と子どもに共有されていたケースだ。このような非合理な思いこみは、実際は、家族がいま直面している実際の問題から目をそらすための心理的なカラクリとして作用する。

このケースでは、子どもが万引きをして警察に補導されたのが問題発覚の端緒だった。この万引きは初めてのものではなかったのだ。しかし子どもの非行化が徐々に進行していたことに、家族が適切に対処できていなかった。この母親は「子どもの問題を父親に話すと、父親はその子どもに対して怒り、暴力をふるうかもしれない」という思い込み（家族神話）のために、このことを父親には秘密にし、さらに、家族内に隠蔽したという。結果として、解決を先延ばしにすることになり、父親がそのことを知ったときには、子どもの非行は深刻な度合いにまで進んでいたのだ。

「父親が暴力をふるうかも……」という家族神話は、子どもの非行に向き合えなかった母親が生み出し、子どもと共有した思い込みと考えられる。補導されて初めて、母親はもっと早く家族全員がこの問題に取り組むべきだったと後悔した。

家族をしがらみから解放するには、このような家族特有の神話を扱うことがぜひとも必要になってくるのがご理解いただけるだろうか。

家族神話の形成過程はケースによって様々だ。

子どもが感じる「当たり前」の背景には、母親の実家の影響もあるだろうし、父親の実家の影響もあるだろう。さらにさかのぼった家族にも由来するかもしれない。子どもの心情や考え方を理解するためには、現在の家族のみならず、三世代以上の家族を遡って初めて子どもを理解できると主張する一派もあるくらいだ。

施設で育った兄弟のトラウマ

ここで、家族神話が家族の命を奪ったケースを取り上げてみよう。兄弟で兄の子を虐待し、死亡させた事件で、筆者はこの裁判を傍聴した。

兄弟の父親は家庭で暴力を振るい、幼い頃に父母は離婚した。母親が兄弟を育てることになる。兄は小学校でいじめにあい、そのストレスから家庭内で暴れた。弟への暴力も酷いものだった。そこに母親の精神疾患の悪化が重なり、兄は児童自立支援施設、弟は児童養護施設で生活することになった。

施設を出た後、兄は結婚して子どもをもうける。しかし、生活が困窮し、夫婦とその息子コウタロウは、実家で同居することになった。つまり、兄弟の母親と弟を合わせた五人の生活が始まったのだ。

しかし、この生活も破綻する。兄の暴力に耐えかねて妻が家を離れ、さらに母親も家を出てしまったのだ。残ったのは兄弟とコウタロウだけだ。兄は仕事があるからという理由で、ひきこもりがちだった弟に子どもの養育を任せる。

ここから本当の悲劇が始まるのだ。

弟は、兄の子を慈しむ。家計が困窮して食べ物が乏しくなった時には、自分が食べなくてもコウタロウに食べさせたという。

しかし、家計の困窮も限界に達し、弟はコンビニへ仕事に出る。当然、家庭のことはままならない。アパートの部屋はゴミため状態。幼いコウタロウの健康状態は悪化し、ガリガリにやせ細っていく。やがて骨と皮だけの状態になった。兄は子どもを外の空気に触れさせることを禁じる。福祉関係者が来て、施設に入れることを持ちかけても、兄はそれを拒否した。兄と弟の力の差は歴然としており、弟は言うがままに支配されていた。

そんな中、事件が起こった。

コンビニの夜勤明けで疲れて帰宅した弟に、コウタロウがまとわりつくのだ。何度注意しても、子どもはかまってもらおうとする。そのために弟は眠ることが出来ない。思い余った弟はコウタロウを強く揺さぶる等、暴力を振るう。それが仇となってコウタロウは死亡するのだ。

自分が食べなくても、幼子には食べさせようとした弟。それを思うと、筆者は悲しみを禁じ得なかった。そのつらさは心中察して余りある。

もっとも、死亡時、コウタロウは痩せ衰えて、骨と皮だけの「るいそう状態」と診断されているので、この暴力がなくても死と隣り合わせの状態だったといえる。

恨みや攻撃性は向きを変える

このケースにおいても家族神話、非合理な思いこみのあることがはっきりと見て取れる。

例えば、兄が施設に預けることを極端に拒否したこと、また、養子に出すことを極端に拒否したことだ。

裁判中にも兄は、検察官に対してこう述べている。

「(施設に)預けてコウタロウが嫌われたら悲しい。自分が施設で悲しい体験をしたから」

「他の人に預けるのはコウタロウに失礼だと思った」

弟は裁判員と次のようなやりとりをした。

「兄にサラ金から金を借りさせられたり、兄に金を貸したり、（このような不合理なことを）なぜ断れなかったか」（裁判員）

「金が無いと生活できないし、兄から『コウタロウを養子に出さなければ（いけない）』と言われたから」（弟）

これについて弟の弁護士は「被告弟が兄の言いなりになったのは、かつて暴力をふるわれたせいかもしれない。お人好しなのかもしれない。しかし、いずれにせよ兄の『コウタロウを養子に（だす）』というセリフが決め手だった」と述べている。

ここには、兄弟が有する家族神話が見て取れる。

「子育てはどんなことがあっても家族が行わなければならない。そうでないと子どもが不幸だ。家族で子育てを行うことが子どもにとって最も幸せなことである」

ところが、この思いこみは、虐待による死亡という最も不幸な事態に結びついた。この家族には子どもを養育するだけの能力も経済力もなかったのだ。

そんな現実も見えなくさせるというのは、家族神話の最も底の深いダークサイドと言えるのではないか。兄弟の家族神話は、妄想的なものとさえいえるのではないだろうか。

「家族の面倒は家族が見なければならない」という家族神話は決して珍しくない。その最たるものは介護殺人だ。「介護に疲れ果てて」介護殺人に至るケースは枚挙にいとまがない。

なぜ殺人にまで追いつめられたのか。他に方途はなかったのか。そう考えるとやるせない気持ちになる。家族のためによかれという思いこみが、結果として不幸をもたらす逆説的悪循環が起きている。

兄弟の虐待ケースに、話を戻そう。彼らの家族神話はどのようにして形成されたのか。ひとつは施設での生活は最悪だという強い思いこみだ。たしかに兄弟の施設での生活は心地よくはなかったのだろう。しかし、施設での生活は地獄か、と言われればそれは違うだろう。筆者は、その奥にもっと深い何かがあると見ている。

それはこの兄弟がそれ以前に抱えたトラウマだ。父親の暴力である。自身が受けた暴力はもちろん、母親に向けた父親の暴力を目撃することで生じたトラウマもそれに含まれる。

裁判プロセスの中で、この兄弟が父の暴力について言及する場面は少なかった。筆者はここにある種の不自然さを感じた。

この兄弟は父親の暴力について、それを吐露することが不十分だったのではないか。

施設生活の中で、このトラウマ体験への手当てが不十分だったのではないか。それが、施設への恨みに転化されたのではないだろうか。

第１章の感情転移の例を通しても触れてきたが、恨みや攻撃性は形や向きを変えるものだ。この兄弟の癒されない思いは施設への恨みに転化され、それが「どんなことがあっても子育ては家族で」という極端な家族の理想化に転化されたようだ。

「やくざにもなれなかった」トウタの殺人

26歳のトウタは社会に適応できない男性だった。

ふるまいは粗暴だが、「やくざにもなれなかった」が口癖だ。酒浸りの生活で、アルコール性と思われる精神疾患を理由に生活保護を受給している。この男性が父親を鈍器で殴打して殺害したのだ。

彼の生活史を辿ると、興味深い経過が見えてくる。父親が酒浸りで家族に暴力を振るうことを繰り返していたのだ。しかも、父親は喘息を理由に生活保護を受給していた。トウタは、この父を憎んで育った。もちろん小さい頃は父親に刃向かうことも出来ない。だが身体的に大きくなるにつれて、体力的には父と立場が逆転していく。

トウタの生活は自滅的だった。酒を飲んでは無謀なことを繰り返し、やくざに追われるようにもなる。彼の生活は八方ふさがりのどん詰まり状態になった。

そんな中で母親が病死する。「母は真面目に働いて子どもたちを育ててくれた」と、トウタは思いを募らせる。

「母が死んだのは父親のせいだ」

「クーラーも付けないような酷い生活をさせて」

「父親が殺したようなものだ」

そして父親を殺害するのだ。

ここで興味深いのは、この時には既に、彼は自分が憎む父親と同じような生活状態になっていたことだ。酒乱で生活保護、そっくりと言えるだろう。本来であれば、彼は自分の生活を見つめ直し、いわばこのしがらみから抜け出す努力をすべきだった。しかし、彼は自己の問題に直面することを避け、世の中がうまくいかないのはすべて父親のせいだと逆恨みし、父親を殺害したのだ。

不登校児ミノルの心配ごと

ミノルは小学校五年生の男子だ。一人っ子できょうだいはいない。

小学校二年生の頃から不登校の傾向が出始め、現在はほとんど登校していない。この母子と関わるうちに奇妙な傾向が見え始めた。

ミノルは学校にいると母親のことがとても気がかりになるというのだ。

「お母さんが居なくなるんじゃないか」

「お母さんが死んでしまうのではないか」

そういう不安感に苛まれることを話し始めた。そして面接が進むにつれて、父母の夫婦喧嘩が頻繁に起こっていることもはっきりしてきた。

「お父さんは、大嫌いだ。お母さんをぶったりひどいことをする」

ミノルは幼いなりに、母親が心配になるのだ。特に激しい夫婦喧嘩の翌日はそうだ。母の落ち込みよう、疲れ切った母の顔。ミノルは母が心配で学校に行けなくなるのだ。

一方、母親とも面接を続けたところ、母親の複雑な心境も吐露されてきた。結婚後数年して、夫との関係が悪化していったという。

夫の優しさに惹かれて結婚したのだが、優しさと映っていた夫の性格は、実は口数が少ないだけであり、意外に短気で、暴力的であることがわかってきた。夫婦は喧嘩を繰り返すことになる。

さて、ここで考えたいのは、夫婦という二者関係がうまくいかなくなった時、何が起きるかということである。

人間は二者関係が破綻し始めると、そこへ第三者を引っ張り込んで、自分が優位に立つかたちで問題解決をはかろうとするのである。

ボーエンという家族療法家はこれを三角関係化と呼んだ。

この夫婦の場合は、母親が息子のミノルを取り込むという形をとった。母親はミノルとの関係をことさらに強め、ミノルに対し、いかに父親はひどい男かということを吹き込むのである。そして、この母子はいわば共同戦線を張って、父親を共通の敵にしてしまう。かくして母子は異様なまでに結びついてしまうのだ。

母親は夫と不仲になったが、離婚するまでの勇気はなかった。夫への依存を断ち切れずに、夫を攻撃するというきわめて不安定な立場に立つことになったのだ。

母親はこのような不安定感を、息子を巻き込むことによって安定させようとしたのだ。

このような問題解決が歪んでいることは明らかだ。この歪みの結果がミノルの不登校というかたちで現れたといってもよいだろう。

この家族に必要なことは何か。それはまず夫婦の問題そのものに目を向けることである。それが元々の問題なのである。その問題解決が必要であろう。このように家族そのものの関係を改善することによって、問題となっている子どもや家族メンバーを良くしていこうとする心理療法を家族療法という。

かつて母原病という言葉が世間をにぎわせたことがあった。子どもの問題行動の原因は母親にあるという考え方だ。家族療法ではこのような考え方はとらない。家族の関係そのものに問題があると考えるのだ。

ここで、単純な例を考えてみたい。

自発性の乏しい子どもがいるとする。その母親が過保護・過干渉であると認められる場合、「母親が過保護・過干渉であるために子どもは自発性が乏しくなっている」と考えるだろう。

しかし、ほんとうにそれだけであろうか。子どもの自発性が乏しいために、この母親は子どもにいつも気持ちが向き、過保護・過干渉に接することになっているとも考えられる。

つまり母親が原因で子どもの自発性の乏しさが生じたとも言えるし、子どもの自発性の乏しさが原因で、母親の過保護・過干渉を引き起こしたとも言えるのだ。要するに、どちらが原因でどちらが結果かということは簡単には言えない。双方ともが原因であり結果であり、ぐるぐると循環しているとも言える。

原因があって結果があるという考え方を直線的認識論という。これに対して、双方ともが原因でありまた結果であり、ぐるぐると循環しているという考え方を円環的認識論という。

何が原因で結果かという考え方ではなく、このような円環的認識論の考え方をとり、さらに悪循環自体を断ち切ることを考えるのがシステム理論に立つ家族療法家だ。家族療法とは母が問題、あるいは子が問題といった考え方ではなく、家族の関係そのものに問題があると考え、家族の関係そのものを変えていこうとするものなのだ。

過干渉から非行が生まれる

第2章の事例、強盗致傷事件を起こしたケンジのケースを思い起こしていただきたい。16歳のケンジが起こす非行も、一種のコミュニケーションとして理解される。それは母親による父親の排除と母親自身の不安定化から発生していた。母親は自らの不安定さをなんとか埋め合わせようと、ますますケンジを支配下に取り込み過干渉に接する。ケンジは母親の過干渉を拒否して非行に走る。さらに母親は「頼りにならない」父親の排除を強める――ここには負のスパイラル、悪循環が見て取れる。

この悪循環の中で、非行は生み出されるわけだ。

ここで母親は子どもへの過干渉を強化させればさせるだけ、また非行も強化されてしまう。

何か問題が起こったとき、子どもが幼児であれば、親は世話を焼いて対応すればよい。例えば乱暴な言動が出た場合は、叱ったり、愛情を注いだり手をかける。しかし、青年期にも、幼児同様に、過干渉に接したとしたならば、さらに問題行動が悪化する。子どもが成長するにしたがって家族システムの変容が求められるのに、システムを変えず、過干渉をボルテージアップさせれば、反作用として、非行もボルテージアップするのは当然だ。

逆に言えば、非行や不登校の出現は、家族システムが変わらなければならないことを意味している。

非行の場合は、そのまま続ければ、外的な刺激が入ってくる。否応なく警察の介入や家裁の介入があり、多くの場合はそれらを通して、家族システムは変わらざるを得なくなる。しかし不登校の場合は外的な刺激が入りにくいので、改善するには少々大変ということができるだろう。

この悪循環のしがらみを絶つことが非行の治療なのだ。この考え方は家族療法の立場によるものだ。

ケンジのケースでは、月に一度、家族全員を集めてセッションを持った。そして、様々な話題で家族討論を行った。例えば、夏休みの過ごし方、週末の過ごし方など、その時その時の話題について話し合うのである。

いつものように母親が会話の主導権を握ってしまうのではなく、まずケンジの主張を聞き、自主性を尊重した上で、家族がどう対応するかを話し合うことを繰り返した。その結果、母がコミュニケーションを牛耳ってしまうシステムから、ケンジの自主性を尊重するコミュニケーションへとシステムが変容していったのだ。

一方、母親と父親の夫婦連合を強化した。

母親と姉の密着を緩和し、ケンジへの過干渉を減少させるためにも、夫婦連合の強化は不可欠だった。例えば、父母だけで一泊の温泉旅行に行くことを勧めたこともあった。

この提案を聞いた母親はすぐさま拒否した。「旅行中にケンジはきちんとした生活をするかどうか心配だ」というのだ。だが実際に旅行してみると、ケンジは姉とうまく協力して、食事の準備やその他の家事を行い、「立派な対応」(母の言葉)をみせたのだ。この結果を評価してフィードバックし、家族の変容に向けての材料とした。このようにして、家族システムのしがらみからの解放を促していったのだ。

対立をエスカレートさせる言葉

家族のしがらみを実感しているという読者の方は、家族の会話に注目してほしい。会話する中で、流れが「いつもの悪い方向」にエスカレートしていくことを数多く経験しているのではないか。まずその場面を想定してみよう。できればそのやりとりを実際に紙に書き出して頂きたいのだ。

それをながめると、お互いに刺激し合う言葉が見つかるはずだ。

あるケースでは、母親の「あんたはいつも」という言葉に子どもが刺激されていた。別のケースでは青年の「わかりもしないくせに」が母親を激怒させていた。こういう言葉を捜すのだ。

そして大事なのは、あなたが話した言葉の中にも、相手を刺激する言葉が必ずあるということだ。

後者の青年のケースでは、「わかりもしないくせに」と吐き捨てるものの、こころでは「わかってほしい」のだった。だが売り言葉に買い言葉で、「わかりもしないくせに」と言ってしまう。そして、悪循環の会話がエスカレートする。

そこで、「わかりもしないくせに」と言いそうになったら、「わかってほしいんだよ」という言葉に換えてみることを提案した。このことだけでも会話の流れは激変した。このことを手がかりに親子の関係改善は進展していったのだ。

家庭内で暴力を振るう子どもへの対応でも、こうした細かな作業はきわめて重要だ。こういう家庭では、親が必ず子どもを激怒させる言葉を吐いている。それをまず見つけ出して、改める。そうするだけで、暴力は沈静化してくるのだ。試してみられたい。

家族システムや家族療法というと、難しく聞こえるかもしれない。だが家族システムとは、先述したように家族のコミュニケーションシステムなのだから、初心者には会話そのものを変えていくと考えてもらっても良い。会話のあり方を変えるだけでも家族は大きな変化を遂げるのだ。

筆者は多くの家族と関わるなかで、個人が変容するときはまた、家族も変容するという相互関係を痛感している。逆に家族が変容することによって個人が変わることも目の当たりにしてきた。それは先述してきた様々な事例を見てもらえばよくわかるだろう。

それほどに我々は家族との関係が密接なのだ。

昨今、流行語のようになっている「毒親」について解説する本には、自分がどんなにつらい思いをしてきたかを親に突きつけて対決せよ、と説くものもある。だが、筆者はそれを勧めない。そのような攻撃で家族システムはいい方向に変わると考えられない。お話ししてきたように家族のコミュニケーションシステムを変えるには、カウンセラーなどの介入とある程度の時間が必要になる。

だが、問題の解決のために、なにかいますぐ自分でできることが知りたいという読者もいるだろう。

ここからは、家族療法が発展したものとして「解決志向アプローチ（ソリューション・フォーカスト・アプローチ）」と「ナラティヴ・セラピー」のふたつを紹介していこう。そして、こころの中の家族への対応として、精神分析とユング心理学を引き合いに出しながら、筆者の持論を展開したい。

「解決志向アプローチ」

ここまで紹介してきた家族療法の流れは、ブリーフセラピー（短期療法）の発展へともつながっていった。従来、心理療法は1年も2年も費やして治療が進められるのが一般的であったが、3ヶ月や半年など期間を短期に設定して治療を行う人たちが登場してきたのだ。つまり、短時間で効果を上げようとするものだ。ここでは、日本で注目される短期療法のひとつである解決志向アプローチ（ソリューション・フォーカスト・アプローチ）を簡単に紹介したい。

解決志向アプローチはアメリカの心理療法家スティーヴ・ド・シェイザーやその妻インスー・キム・バーグらによって開発された。

一般に、人は症状や問題を何とか治そうとして問題に注目する。しかし、この一派の人たちは、症状や問題に目を向けるのではなく、また原因をとことん追及するのでもなく、その解決法にこそ目を向けるべきだと主張する。

同時に彼らはこう指摘する。何らかの問題を抱えるクライエントたちは、日常の中で自ら問題解決を図っている。だが残念なことにその努力は「例外」として省みられず、問題そのものに囚われたまま、ああしよう、こうしようと、問題発生の悪循環の渦の中に取り込まれているというのだ。

解決志向アプローチでは、その「例外」に注目し、その例外を大きくしていくことを考える。つまり、問題行動や症状を形成する悪循環を解消することを考えるよりも、日常の中で起こっている良好な「例外」を見出し、それを有効利用していこうとするものなのだ。

このアプローチでは、スケーリング・クエスチョンといわれる質問を効果的に使う。カウンセラーがクライエントに尋ねる。

「一番ひどい状態の時を1、もう大丈夫と思える状態を10とすると、今はどのくらいですか?」

「そうですね。3くらいかな」

クライエントは調子があまり良くないという意味で3と答えているわけだ。

しかし、カウンセラーはその値の「良さ」に注目する。こう切り返すのだ。

「そうすると、最悪の状態よりは2段階良いわけですね。どのあたりが良くなったのでしょうか」

「うーん、朝が多少、早く起きられるようになりましたね」

「他には？」

「そうですね。昨日は、久しぶりに、犬の散歩をしました」

「気持ちが良かったですか？」

「ええ、気持ちが良かったです」

「朝、犬の散歩をすると、気持ちが良いのですね」

「そうですね」

「では、これから、1週間、朝、犬の散歩をしてみませんか」

こんなふうに、クライエントがすでに知らず知らずのうちに行っている解決法、いわば例外を発見し、それを拡大していくのだ。

誰も、今困っていることとの解決法が犬の散歩だとは思わない。しかし、もしかしたら、このケースの場合は、犬の散歩がベストの解決法かもしれない。

そして、うまくいけばそれを続ける。うまくいかなければ別のことを一緒に考える。

こうして、良い状況を生み出していくのだ。

捨てた解決法を探す

このほかに、コーピング・クエスチョンというスキルもある。

これは次のような質問で始める。

「最悪の時期はいつでしたか」

「夏頃だったと思います」

「どうやってその最悪の状況を脱却したのですか」

これを話し合って、解決法を検討するのだ。

我々は常識や理屈にとらわれている。うまくいった方法も、常識や理屈に合わないと「たまたまうまくいっただけだ」「こんなやり方は理屈に合わない」などと捨ててしまいがちだ。

一般に、心理問題の解決法は、専門家であるカウンセラーやセラピストが良く知っていて、クライエントはそれを教えてもらうという構図を考えやすい。しかし、解決志向アプローチの立場では逆を行く。解決法は、困っているクライエント自身が一番よく知っていると考える。だから、カウンセラーの役割は、クライエントが捨ててしまった解決法・例外を一緒に探すことなのだ。

この解決志向アプローチの最大の長所は、セルフ・カウンセリングに応用しやすいという点だ。つまり、自分自身で自分のカウンセリングを行う場合に利用しやすいということである。

読者が家族とのしがらみで困っていること、あるいは家族問題に限定せず、今困っていることを想定してみよう。最悪の状態を1として、最良の状態を10としてみると、今はいくつだろうか。なぜ、そう考えるのか、自分自身で考えてみよう。

あるいは、最悪の状態はいつだったたか。その状態からどのようにして脱却したのか。それを考えてみよう。常識にとらわれず、あらゆる側面から解決法・例外を見つけてみよう。どんな些細なことでも良いから、検討してみよう。きっと何かが見つかるはずだ。見つかったら、まずはそれを行ってみよう。状況が少しでも良くなれば、それを続けてみよう。それでうまくいかなければ、別のことを考えてみるのだ。

さて、単に放っておいたら状況が良くなったということも、もちろん一つの解決法だ。あれこれ考えずに、問題を放擲《ほうてき》することが最良の場合もしばしばあるのだ。

「ナラティヴ・セラピー」

我々だれもが自分固有の物語を生きている。自分の物語にそって、ものを考えたり、決断したりする。ここで紹介するのは、その物語を書き換えることで、しがらみを乗り越える方法である。ナラティヴ・セラピーと呼ばれる手法だ。

ある母親からの相談を例に、解説してみたい。

母親は保育所に我が子を預けることが出来ず、民間の託児所に当時1歳だった子どもを預けていた。ところが、その託児所の実態は劣悪であり、子どもは暴力を受けてしまう。託児所は警察に摘発されたが、我が子は負傷し、入院を余儀なくされたのだそうだ。

その子と一緒に散歩をしていた時のこと、次のように言ったというのだ。その子は小学校三年生になっていた。

「お母さん、この病院、どこか思い出の中にあるよ。いったい何だろう」

母親は青ざめた。その病院は、かつて子どもが悪徳託児所で負傷して入院したところだったからだ。

母親はそれまで託児所や負傷の事実を一切話してはいなかった。こういう託児所に預けたことに罪悪感を感じていたのだ。

それから、この母親は子どもにどう対応すべきかで悩み始めた。

その結果、この母親はスクールカウンセラーに面接を求め、「今、我が子に事実を話すべきかどうか」と相談したのだ。

スクールカウンセラーは旧知であった筆者にどうすべきか相談を持ちかけた。

筆者は傾聴した。そして、こう考えた。

この母親は「事実」を話すと言っても、あくまでそれは母親の物語の中での事実ということになる。おそらく次のような物語を生き、苦しんでいるのであろう。

「あなた（子ども）をあんな劣悪な託児所に預けたために、あなたは酷い扱いを受けて、あの病院に入院することになったのよ。私はダメな母親だ」

しかし、別の物語もあるはずだ。例えば、これはどうだ。

「あなたが預けられた託児所は酷いところで、酷い扱いを受けたけど、お母さんはあなたを救い出して、あの病院に入院させたのよ。おかげで、あなたはこんなに元気で立派な小学生になったのよ」

事実といっても、背景の物語によって、意味はずいぶん違ってくるのだ。

後者の物語の方が、子どもに勇気を与えるに違いない。もうしばらく、母親のカウンセリングを続けてから、子どもにそうした「事実」を話すようにした方が良いのではないかとスクールカウンセラーにアドバイスした。

同じ現実であっても、その人が生きる物語によって、意味は大きく違ってくる。

我々は固有の物語を生きている。その物語に合わない出来事に遭遇する時、悩みが生じる。生きる物語が、その出来事にぴったりと合う物語に変容すれば、悩みは悩みでなくなってしまう。

ナラティヴ・セラピーとはこのように物語の書き換えを考える心理療法だ。

人間はひとりひとりが固有のこころを持っている。そして、そのこころに固有の物語を持ち、それを語ることによって物語を生きている。この物語の変容を考える。これがナラティヴ・セラピーの考え方だ。カウンセラーとクライエントは共に、個人や夫妻や家族の生活経験にぴったり合った物語を構成する。新しい物語が語られると、それがクライエントの生活の基盤になるのだ。

「自分が変われば」という落とし穴

ここでは、日本でも人気のあるオーストラリアの心理療法家M・ホワイトたちの外在化の技法を紹介しよう。

クライエントが今までにない物語を体験するために、ホワイトたちが最初のキーワードとしているのが「外在化」だ。これは文字通り、内部に存在する何かを外部に位置づける技法である。まずはその反対語である内在化と外在化の違いから考えてみたい。

「こんなことになったのは、自分のせいだ」という考え方は、自分の内部に原因を求めている。我々は物事の原因を自分の内部に求めたり、外部に求めたりして生きている。

例えば、非行少年に対して教師が「おまえは自分の性根を変えないと良くならない」などと言ったとしよう。そして、本人もそう考えているとする。つまり、自分の中に問題があるから非行を繰り返すという考え方だ。これも非行の原因を内在化させている考え方である。

これに対して、「俺が非行に走るのは、社会や環境が悪かったためだ」と考える少年もいるだろう。これは非行の原因を外在化させているといえる。

どちらの少年が、更生するだろうか。

どちらもなかなかうまくいかないのが実情だ。原因の内在化は、結局のところ自分が悪いということになるので、自分が変わるしかない。しかし、そう簡単に自分は変わらない。また、この考え方はその人を苦しめる。なぜならば、自分で自分を変えるには、今までの自分を否定し、自分を蔑んだり、憎んだりしなければならないからだ。さらに、なかなか自分が変わることが出来ないとき、自分が非常に情けなく思えてくる。劣等感を増大させ、自分の価値下げがおこり、非行を促進させるという悪循環に拍車をかけてしまうことにもなりかねない。

一方、原因を外在化した場合、社会や環境を変えるという方法になるが、やはりそう簡単に外部は変わらない。つまり、原因の内在化も外在化も必ずしも問題の解決に導いてくれるわけではないのだ。

しかし、ホワイトたちは、原因ではなく「問題そのもの」を外在化するという方法を思いつく。ホワイトの有名な事例「ずるがしこいウンチ」を紹介したい。

「ずるがしこいウンチ」

ニックは6歳の男の子だ。トラブルを起こさない日はほとんど無く、たいてい、下着にめいっぱいの便をする。

ニックはそれを壁にこすりつけたり、戸棚やタンスの引き出しにしまい込んだり、食卓のテーブルの裏に塗りたくって遊んだりするのだ。遺糞症と診断され、それまで何人ものセラピストが治療を試みたが、うまくいかなかった。

ニックもその両親も、ニックに問題があるからこのような症状が生じるのだという「物語」で対応している。かかわったセラピストも同じだ。遺糞症についての理論的枠組みから考えられる治療法を施行するわけだ。そして、それがうまくいかないのだ。

ところがホワイトはこの物語の呪縛をいとも簡単に解放してしまうのだ。

その方法が外在化だった。

まずホワイトはここで起きている問題に「ずるがしこいウンチ（Sneaky Poo）」というあだ名を付けてみることにした。うんちはニックのものに違いないが、擬人化して本人から切り離したわけだ。そして、この「ずるがしこいウンチ」のためにどんな辛い思いをしているか、どんな影響を被ったかを尋ねていったのだ。これは影響相対化質問法と呼ばれる手法だ。

「この『ずるがしこいウンチ』のおかげで、友達は逃げていくし、僕は自分がよくわからなくなった」（ニック）
「自分は人間としてダメなんじゃないか、母親としての能力がないのではないかと考え

るようになった。惨めになり、ひどく打ちのめされた」（母親）

「このことを友人や親族に隠しておかなければならないし、そのために友人や親族と疎遠になった。本当に辛い。『ずるがしこいウンチ』のために、夫婦の間に溝までできてしまった」（父親）

それまでは、問題自体とその影響がごちゃ混ぜになって家族を苦しめていたが、問題と影響が分離され、新しいまなざしでこの問題を考えることが出来るようになったといえる。さらに、この「問題」は、ニック、父親、母親に対して、それぞれ別の影響を与えていたことが判明したのだ。

ここで、ホワイトは次のステップに進む。

ニックの問題によって、ニックと両親は振り回されてきた。しかし、その一方で、彼らが問題の存続を助長してきた面もあろう。それらを明らかにするのだ。そして、「問題の存続」に立ち向かった経験、「問題」を無視した経験、あるいはなぜか「問題」に振り回されずにすんだ経験、つまり「今まで気にもとめなかった体験」を浮かび上がらせていく。

ニックは、「ウンチ」の思いのままにならなかったことが何回かあることを思い出した。母親は「ウンチ」で惨めな思いをしていたが、ステレオの音響を鳴らせて、その思いに抵抗したところ、親として人としての能力に疑問を持たずにすんだと語った。父親は、「ウンチ」の影響を拒もうという気持ちになり、今まで隠していたこの「惨めな秘密」を同僚に打ち明けるつもりだと言った。

ずるがしこいウンチが家族関係に及ぼす影響を明らかにするのは簡単ではなかったが、父親も母親もお互いの関係を放り出さずに努力を続けてきたこと、ニックも、こんな自分でも両親が変わらずに愛していてくれると思っていることがわかったのである。

以上のような「いままで気にもとめなかった体験」が明らかにされた後、ホワイトは次のような質問をした。

「問題に対抗するため、いままでどんなふうに対処してきたのか？」

「どんなことが対抗するのに役立ったか？」

「それを知ったことで、将来どんな点が変わるだろうか？」

これらの質問に対して、母親は「『ウンチ』に惨めな思いをさせられるのを拒否すること」、父親は、「『ウンチ』とのトラブルを同僚に語ること」を考えるようになった。

そして、ニックは、「もう『ウンチ』には二度とだまされない」と決心したのだった。

その後、ある期間をおいてホワイトは家族と再会した。その間、ニックはたった一度の小さな失敗をしでかしただけだった。ニックは、自分がいかにして「ずるがしこいウンチ」の罠から逃れたかを語り、自分が輝きだしていることを自覚していた。

このようにしてこの「外在化」の方法は成功に終わったのだ。

この方法を総括すると、「ニックに問題があるからこんな症状が出る」という認識や、「そのように育てた両親はダメだ」という理解（物語）に敢えて蓋をすることで、家族が一致団結して、この問題を乗り越えようとしたといえるだろう。

新しい物語を創造して、しがらみから脱却したのだ。

家族はしがらみを生み出すところであると同時に、しがらみから脱却する土台になるところでもある。このことがご理解いただけたであろうか。家族は単なるしがらみではない。

フロイトの説いた無意識

我々のこころの中ではさまざまな思いや欲望が渦巻いている。人間はきれいごとだけで生きているわけではない。肉欲と呼ばれるような性欲、身を焦がすような嫉妬や妬み、激しい憎しみや攻撃性……それらは時として自分でも受け入れられない怪物となる。見たくもない自分の姿だ。そんなとき、我々はそれらを「存在しないもの」として抑圧してしまう。意識から排除し、無意識へ放り込んでしまうのだ。比喩的に言えば、無意識の中に放り込まれたものは、やがて似たものどうしが寄り集まって、闇の中の怪物になってしまう。そして、それらは本人にとっては自覚できないところから、本人を脅かすものとなるのだ。これがフロイトの考える神経症の基本的な考え方だ。

フロイトは自分（自我）が受け入れられない欲動や体験などを意識から排除するメカニズムを解明した。抑圧というメカニズムだ。意識から排除しても完全に消えてなくなったわけではない。それらは無意識の領域に放り込まれるのだ。そして、それらは無意識の領域にとどまり、しばしば神経症などの問題を引き起こす要因となるのだ。

フロイトが後にこうした精神分析を確立する土台になったO・アンナの症例を紹介しよう。じつはこれはフロイトが扱った症例ではない。フロイトの先輩に当たる医師、ブロイアーがみた症例だ。

アンナは当時、コップに口をつけて水を飲むことができないという症状に苦しんでいた。理由はなぜだか分からない。しかたなく、水分は果物によってとっていた。ところが、この症状が消失する出来事が起こった。

アンナは催眠状態での対話の中で、突然、ブロイアーに次のようなことを語ったのである。

「自分にはイギリス人女性の家庭教師がいる。わたしはこの婦人が嫌いだ。ある日、この女性の部屋に行ったら、この女性がかわいがっている小犬が『コップに口をつけて』水を飲んでいる光景を目撃した。その瞬間、あんなはしたない振る舞いはすまいと思った。何とも言えない不快感！　わたしはその時の不快感を誰にも一言もしゃべらなかった」

続いてアンナは、今までにこころにわだかまっていた不快感をあらいざらいブロイアーにぶちまけた。そして、急に「水が飲みたい」と言い出した。コップで水をがぶがぶ飲んだアンナは、コップに口をつけた状態で催眠から覚めた。その後、この「コップで水が飲めない」という症状は消失したのだ。

これは後にフロイトが精神分析をうみだしていく上で重要な症例となった。つまり、症状の形成と消失について、次のように考えるようになるのだ。我々は自分で耐えられ

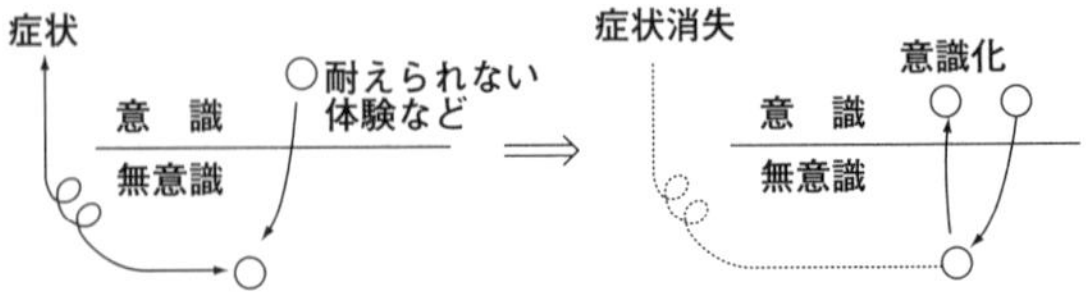

症状の形成と消失

ないような出来事や自分では受け入れられないような欲求を意識から排除して無意識へと放り込んでしまう。それが結果として症状を形成する。しかし、その無意識へと排除されたものを意識化することで症状は消える。

フロイトは無意識の領域に追いやられたものを意識化すること、すなわち、意識の光を当てることによって、神経症は治癒されると考えた。無意識下に追いやられた、いわば闇の怪物を意識によってしっかりと見据えることで神経症は治ると考えたのだ。

自分の影と和解する

C・G・ユングは影という概念を使う。人間のこころの中には意識されず、いわば意識によって生きてこなかった部分がある。これが影である。自分全体の中へ影を統合することは、ユング心理学でも重要なものとなる。

人間はどんな人でも、自分自身の善－悪、正－邪の価値判断に基づいて、できるだけ悪をしりぞけ、善をとっていこうとする。すべて悪いと判断されたものは、抑圧されて無意識の中の影に加えられる。

外向的な性格の人は、内向的な側面が影となり、内向的な相手を見ると、暗くて悪いという受け止め方をしやすい。影の投影だ。

われわれ人間は誰しも影を持っているが、それを認めるのをできるだけ避けようとしている。その方策としてもっともよく用いられるのが、投影のメカニズムだろう。投影とはまさに自分の影を他人に投げかけることだ。

カウンセリングの場面では、影の話題がよく出てくる。自分の周囲にいる「虫の好かない」人を取り上げ、それをひたすら攻撃する。

「自分はお金のことなど、あまり意に介していないのだが、同僚はお金にやかましすぎる。彼はお金を人生で一番大切と思っているのではないか」

こう一生懸命訴え、「あいつは金のためならどんなことでもするのではないか」とまで断言する時に、その人の示す異常な熱心さと、その裏にちらりと不安感がよぎるのを、カウンセラーは感じるのだ。

面談を続けていくと、結局は、この人が自分自身の影の部分、お金の問題を同僚に投影して嫌っていることが解ってくる。そして、この人がもう少し自分の生き方を変え、影の部分を取り入れてゆくことによって、問題が解決され、同僚との人間関係も好転するようになるのだ。

これは「投影のひきもどし」と呼ばれているものだ。もう少し詳しくいうと「その人物に対して投げかけていた影を、自分のものとしてはっきりと自覚すること」である。この投影のひきもどしは勇気のいる仕事だ。非行少年の更生においてもこの「投影のひきもどし」が重要な仕事になることがある。

エリート両親の「影」とゲンタ

宗教家、教育者といわれる著名人で、他人から聖人君子のように思われている人の子どもが手のつけられない放蕩息子であったり、犯罪者であったりする場合がある。警察官の子どもが非行少年というのもこれにあたる。彼らはいわば、親の影を生きている子どもたちである。

こういった親は自分の中の否定的なものを切り捨てて生きている。正しい生き方が強調されている分、影も深い。子どもはその影を生きることによって、家族内はバランスがとれている場合が少なくない。

親がこういった人格者ではなくても、非行少年には多かれ少なかれ親の影を生きる側面がつきまとう。

中学二年生の男子ゲンタのケースを見てみよう。父親は一流大学を卒業した一流企業のサラリーマン、母親も良家の子女である。父母ともに海外生活の経験がある。父母の実家はともに文化度の高い雰囲気をもっている。

一人っ子であるゲンタは、もともとは親のいうことをよくきく子どもだった。父親の子どもへの対応は厳しいもので、激しい叱責と体罰もしばしばあった。ゲンタは中二頃から急に親への反抗が激しくなり、いわゆる不良仲間と深夜あそび、早朝帰宅などを繰り返すようになったのだ。そして、自転車盗、万引きを安易に繰り返し、複数の傷害事件を引き起こすに至った。

彼は「はやく家を出て、友人と三人でとび職をして暮らしたい」と述べた。母親はこの少年の生活志向を「全く理解できない」と嘆いた。

おそらく、母親は今までの生涯の中で、このような生き方を全く認めずに生きてきたのだろう。このような生き方をいわば切り捨てて生きてきたわけだ。言葉を換えれば、このような生き方はこの母の影の中に捨てられてしまっている。だから、「まったく理解できない」のだ。

父母は子どもの交友関係について有無を言わせない態度で臨み、特に、通っていた水泳教室での結果が満足に出なくなってからは、特に態度を硬化させた。そして、この少年は結局は水泳教室をやめ、つきあう友人はがらりと変わった。

母親は感情的に「あんな人たちにはなっちゃいけない」「うちでは許しません」など と子どもに叱責するようになった。この父母との確執の中で、少年は親の影を生きることになったのだろう。

次に小学校三年と五年の男子兄弟の事例を見てみよう。二人に家財持ち出しや万引きなどの非行行動が出てきた。

カウンセラーが親と子どものカウンセリングを続ける中で、母親には犯罪を繰り返した弟（子どもからすれば叔父）がいることがわかった。母は弟への恐怖心が強く、いつも自分の子どもに対して「弟（叔父）のようになっては困る」と心配し続けてきたことが明らかになった。カウンセリングの中で、母親が弟（叔父）と子どもを重ねて見てしまうことを自覚するようになると、子どもの非行行動は改善されていく。

この事例は、やや複雑な影の投影である。母親は弟に自分の影を投影する。それが、必要以上に弟を恐れるという思いに反映されている。弟を通して、いわば増幅された自分の影を子どもに投影していることになる。親が無自覚に言う「〇〇してはいけない！」「あの人はダメだよ！」という言葉や態度が子どものこころにとっては大きな負担になることがあるのだ。

なぜ影の投影と非行が関係するのだろうかと思う読者も多いだろう。

親は自分の影を見たくないものとして、無意識の中に封じ込めている。ところが、子どもの言動に、これに関連するようなものが見て取れた場合、親は必要以上に、子どもの言動を「悪」とみなし、叱責等を繰り返すことになる。子どもにしてみれば納得のいかないことだ。客観的には大して悪いことをしていないのに、必要以上に親から否定的な対応を受けるからだ。

これは問題行動と激しい叱責の悪循環に拍車を掛けることになる。

ここで重要になるのが、前述の「投影のひきもどし」だ。「ひきもどし」が成就するためには、親が自分の影を自覚し、自分の中に統合することをしなければならない。これは相当に辛い仕事とも言える。カウンセラーとしては、この「ひきもどし」を通して、親の成長を見守ることになる。そして、「投影のひきもどし」は、子どもに対して、影の呪縛からの解放を意味する。この解放を通して、親も子どもも成長するのだ。

さて、自分の中の影があまりに増大すると、意識と無意識の境界線を突破して、意識的な人格と無意識的な人格が分裂し、二重人格を形成することがある。スティーブンソンの小説『ジキル博士とハイド氏』に登場するハイド氏は、その好例だ。謹厳な学者ジキル博士の影の人格であるハイド氏は獣性をむきだしにした人格として表現されている。また、影には悪の要素がひそんでいる。

自分の意識しない影の部分を自分のものとして自覚していくことは、人格の幅を広くし、人間的な成長につながるのだ。そして、そのうえでより自分らしい生き方をすること、これは心理療法のみならず、人間の成長を考える基本といっても良いだろう。多くの心理療法に共通した考え方だ。

アドラー心理学の立場の治療者やカール・ロジャーズなどの人間学的な流れをくむ治療者たちも、ありのままの自分を受け入れることを大切にしている。

死んだ家族の影響力

ここまで、見たくない自分との和解、すなわち自分の影との和解について考えてきた。この和解は、実は家族の問題とも密接な関わりを持っている。自分の影には幼少期の家族関係が濃厚に反映しているからだ。したがって、見たくない自分と和解するということは家族との和解、とりわけ自分の内面にある両親のイメージとの和解の問題を含んでいる。

見たくない自分、醜い自分、そういう自分と対峙するとき、そこには常に、自分を育てた親のイメージがつきまとう。しかもそれは決して良好な親のイメージではない。腹立たしい、憎しみの対象たる父母の像だ。その親イメージとの和解があって初めて、否定的な自己像との和解も成立するのだ。

家族療法やそれを土台にした解決志向アプローチ等は現実の家族関係を扱う。しかし、いま起きている虐待や暴言などでなく、自分のこころの中にある家族の記憶に苦しんでいる人も多いだろう。遠くに住む親との関係に苦しんでいる人、すでに死んでしまった親に苦しめられている人も少なからず存在するのだ。

たとえ遠くにいたり、すでに死亡している場合でも、家族の影響はきわめて大きいと筆者は考えている。場合によっては、死者の影響力が、そばにいる家族のそれを上回ることさえある。そして死んだ家族のしがらみに苦しみ続ける人も多い。

こころの中では、思い出として家族が生きているからだ。

だからこそ、こころの中の家族関係は変わってくるというと驚かれるかもしれない。

しかしここに、カウンセリングの希望がある。

ある女性のクライエントは亡くなった母親について悪い思い出ばかり語った。

「母が自分にいかに辛く当たったか」

「母を自分はどれだけ憎んだか」

しかし、面接が進み、悪い思い出を言葉にし尽したあと、良い思い出を語り始めるにつれて、母の思い出自体も変化し始めた。そして彼女のこころの中の家族関係は変わっていったのだ。

こころの中にある家族イメージとどうかかわるかについて、最後に述べておきたい。

そしてこころの中の親との和解を考えるために、とても有効な方法を紹介しよう。

ロールレタリングという手法だ。これは少年院等で指導法を模索していた春口徳雄らによって開発・発展されてきた技法である。ここでは、筆者が普段行っているやり方を紹介することにしたい。

「ロールレタリング法」

まず、便箋と封筒を用意してみよう。もちろん本当の便箋でなくてもかまわない。ノートの切れ端でも、ただの白紙でも結構だ。しかし、臨場感を味わうならば、きちんとした便箋が良いだろう。

こころの中にわだかまっている相手を想定して、その人に向けて手紙を書いてみよう。それは両親かもしれないし、母親かもしれないし、父親かもしれない。ほかの家族かもしれない。

書き上げたら、それを投函せずに（投函した気持ちになって）、引き出しの中にでも入れておこう。そして、2～3日たった頃、今度は自分が相手の立場になってその手紙を読み、自分宛に手紙を書くのだ。それを2～3日後に自分で読んでみて、さらに自分から相手に宛てた手紙を書く。これを繰り返すのだ。

何度も繰り返していくと、こころの中に変化が生じる。

多くの人は、最初は感情的な吐露をすることが多い。あんなことがあった、こんなことをされた、ひどいと激情を相手にぶつけるのだ。ぶつけられた方も、激情でやり返すことが多い。もちろん、内容や程度は人によって異なる。

やがて、そこに変化が生じる。多くの場合、冷静に事態を考えられるようになるのだ。そして、不思議なことに相手を受け入れる変化が生じる。相手から自分を受け入れてもらう変化が先に生じる人もいる。その変化のきっかけは、今まで見えなかった背景の気づきであることが多い。

ある母親に憎しみを覚え続けてきた女性の例を紹介しよう。

彼女は小学校の時から、母親の愚痴をさんざん聞かされたという。愚痴の聞き役にされたのだ。それは近所づきあいの愚痴から、母自身の友人関係の愚痴に及んだ。そのあげく「あんたがいるために自由になれない」、「あんたの顔を見るとイライラする」とまで言われた。

気が弱く、消極的な彼女は、ただそれに耐え続けた。

就職して、思い切って自宅を出た。その後、好きな人ができて結婚した。式を挙げずに新生活を始め、子どももできた。母親とは完全に縁を切ったのだ。母からの電話には一切出なかった。手紙にも返事は書かなかった。そんな中、母親は病死したのだ。あっけない死だった。

それから彼女の苦しみが始まった。ひどい自責の念に悩まされた。そんな中でカウンセリングに訪れたのだ。名目は、登校したがらない子どもの相談だったが、本当はこの自分の問題を解決したかったのだ。

ロールレタリングを続けながら、彼女が理解したのは、母親の境遇だった。父親が仕事人間で家庭を顧みなかったため、母親は孤独な状況を強いられた。母自身、あまり社交的ではないので、誰にも相談できなかった。その孤立感、不安感はどれほど大きかったか。当時の母親は、何でもひとりですることを余儀なくされ、不安で仕方がなかったのだ。彼女は、ロールレタリングを通して、このことを深く理解したのだった。

彼女自身、母親への複雑な思いは、夫を含めて誰にも打ち明けられなかったという。そんな彼女自身の孤立感、不安感がかつて母の置かれた状況とそっくりだということに気づいたわけだ。

母と私は、同じだ！

彼女は母へのつらい思いを思い切って夫に打ち明けてみたいといった。筆者がそれを促すと、彼女は実行に移した。結果、夫は彼女の心情を深く理解してくれたと嬉しそうに語った。

そして彼女は母親を許す手紙を書いた。そして、その返信（もちろん彼女が書いたものだが）は「母はわたしを許す」というものだった。

こころの中の母親との和解がなされたのだ。

実は、クライエントが語る悩みは、その背景には親とのかかわりがしがらみとなって残遺していることが多い。そして、ロールレタリングによって、そのしがらみを整理したり、乗り越えた例もまた多いことを付け加えておこう。

過去は変えられない？

「私は幼児期の親子関係があまり良くなかった。これから生きていく上での障害にならないだろうか」

臨床心理学の講義を聞いた学生が、あとで研究室に相談に来ることがある。

「私の育児態度はよくなかったようだ。もう手遅れではないか」

悲しそうな顔をして、質問をする母親もいる。

この二人に共通しているのは、自分の過去には問題があった、これからどうすればよいのか、という不安だ。

確かに過去は変えることができない。

しかし、過去がすべてを決定してしまうのだろうか。

過去がその人のすべてを決定してしまうとしたら、説明できないことがたくさん生じる。悲惨な生い立ち、不幸な過去を背負った人物はすべて人生がうまくいかないということになってしまう。

そんなばかげたことはあり得ない。つらい幼少時代を過ごした人たちが逆境を乗り越えて大成功を遂げたり、高い人徳や品格を身につけたりした例は実に多い。枚挙に暇がないくらいだ。

そういう人たちの伝記を読んでみると面白い。彼らに共通しているのは素晴らしい人たちとの出会いだ。

素晴らしい人とは、友人だったり、上司であったり、あるいは雇い主であったり、恋人であったり、妻であったりする。例えば、野口英世であれば、猪苗代高等小学校の小林栄教頭であり、ウォルト・ディズニーであれば、生涯の友人アブ・アイワークスであろうか。

悲惨な幼少時の人間関係で傷ついた心の傷を、人はそのような出会いの中で癒しているのではないか。そう考える方が様々なことが納得できるのだ。

そして、出た結論はこうだ。

我々は日々、心の傷を癒しながら生きている――。

轢き逃げ事故の「続き」

小さい頃、轢き逃げ事故にあったクライエントがいた。

彼は、その時に味わったという恐怖感を繰り返し訴えた。彼は人を信頼することができず、自分の疑り深さに悩まされていた。彼はあの事件があったために、こうなったと信じているところがあった。

ところがカウンセリングが進み、人間に対する信頼感が持てるようになった頃、突然彼は、交通事故について、今まで忘れていた新しい記憶を蘇らせた。

その「続き」があったのだ。

轢き逃げ事故の後、彼は親切なおじさんに手当てを受け、病院に連れていってもらったという。

なぜ、彼は忘れていたことを思い出したのだろうか。

彼は人に対する信頼感を回復するにつれて、人は信頼にたるものであるということを自分なりに納得できるようになっていった。そして、その気持ちを裏付けるような記憶を受け入れることができるようになったのだ。

過去は変えることができない。それは事実関係としての過去である。事実は変えられなくても、人生に対する事実の「意味」は変容する。

親についての思い出もまた然りだ。

自己イメージや母親イメージ、父親イメージ、それらは人生の意味と大いに関わりがある。そして、それは人生の流れの中で変容しうるのだ。

なにも無理をする必要はない。ありのままの自分に向かい合う勇気を持ちたいものだ。そして、いつかは自分の中に隠れているありのままの自分に向かい合い、その「見たくない自分」を受け入れる力を持ちたい。その時、家族のしがらみから解放され、自分自身は変容するだろう。それを契機に、家族全体が変わっていく可能性が広がるのだ。

おわりに――キレること、切れているということ

悩みを抱えながら日常生活を送るのは苦しいことだ。だが、わが子が悩んでいることを知りつつ何もできないことはさらに苦しいことだろう。この「おわりに」では、子どもや若者についていま考えさせられていることをまとめてみたい。

キレるという言葉が取りざたされたのは過去のこと、もう日常用語になったと言ってもいいだろう。だが、なぜ人はキレるのだろうか。

最近の小学生は「ギャング・エイジ」を経ない子どもが増えているという指摘がある。このギャング・エイジというのをご存じだろうか。

子どもたちは小学校の高学年頃に至ると、男の子は男の子同士、女の子は女の子同士で親密なグループを形成する、そういう時期のことをいう。それまで、親のいうことに従順だった子どもも、グループの取り決めのようなものの方を重要視するようになる。

例えば今まで母親が「4時には帰ってらっしゃい」といえば、「はーい。ママ」と、それに従っていた子が、グループの仲間からこんなことを言われるようになる。「なんだ、おまえもう帰んのかよ、5時まで遊ぼうってみんなで約束したじゃないか」当然この子は困るわけで、「今帰らないとママに叱られるけどナ。今帰ると仲間外れになりそうだしナ。困ったナ」。そして結局「いいや、ママには悪いけど5時まで遊ぼうっと」とまあ、こんなふうになるわけだ。

母親と自分の関係をめぐる逡巡や葛藤は、社会性を身に付ける上で大切な要素も有している。

ところがいわゆるゲームなど、遊び方の変化や塾通いなどの生活の変化から、このギャング・エイジを経ない子どもが増えてきたと言われているのだ。

ある父親が自分の息子である小学校五年生の男の子についてこんな話をしてくれたことがある。

「先週の日曜日、子どもの部屋に友達が四人遊びに来たんですよ。で、私がおやつを持って行ってやったんです。そしたら、びっくりしました」

「みんなバラバラなんですよ。二人くらいは別々に漫画読んでる。ひとりはゲームやってる。ひとりはテレビ見てる……という具合で。要するに同じ場所にいるだけで、全員が別々のことをしているんです」

それで父親は「こういうの、一緒に遊ぶっていうのでしょうか」と首を傾げたのだ。なるほどもっともな疑問だ。おそらく、多くの親が似たり寄ったりの体験をしているのではないだろうか。

また、最近の子どもは喧嘩をしなくなったという指摘もある。一緒に遊ばない、喧嘩をしない。こういう現状では、お互い腹を割って話をする場がなくなるのではないだろうか。ひいては子どもたちが深い対人関係を体験できなくなってしまうのではないか。

例えば、教師から注意された生徒がいたとする。すると友達どうしで「あの先生、頭にくるな、ぶん殴ってやりたいな」などと言う。しかし、実際に殴ることはない。要するにそういう会話の中で鬱憤を晴らしたのだ。

ところが、腹を割って話をする場がないと、どうなるだろうか。

いつまでも晴らされない鬱憤は、何らかの形で暴発するのではないか。そう考えると、次のようにも思えてくる。

「キレるのは、すでに（人間関係が）切れているからだ」「切れているからキレるのだ」

一昔前、成田離婚という言葉があった。だが最近は新婚旅行までも持たず、結婚式直後に別れるカップルもいるという。結婚式の準備でお互い疲れ果て、もう無理だとなるのだそうだ。

笑ってはいけない。若年夫婦の離婚事例に接すると、この人たちはこれまでに深い人間関係を持たないで成人になってしまったのではないかと痛感させられることが多い。いわば深い人間関係が扱えない、人間関係が切れやすいという点では児童から若者まで、まさに共通しているのだ。

深い対人関係がもてないことは、じつは凶悪な非行事件にもつながっている。ある事件の思わぬ舞台裏を紹介してみたい。これは冷酷な事件だった。

年配の女性が歩いていたところ、うしろから少年が近付いてきて、いきなりその女性の頭を棒で殴打して財布を奪った。

「いきなり殴打」だ。どうだろうか。凶暴そのものではないか。

ところが、この少年の姿はというと、凶暴な少年のイメージとはかなり異なっているのである。

口数が少なくて、ひ弱そうだ。そして、じっくりこの少年をみていくと、なぜ、この少年がこんなことをしたのか納得するに至った。想像がつくだろうか。

要するに、この子には話術がないのだ。

恐喝という行為が具体的にどのように行われるか、少々解説を試みることにする。

まず、狙った相手に声を掛ける。

「よう、ちょっと金貸してくれよ！」

貸してくれと言っても、もちろん返すつもりは毛頭ない。しかし一応貸してくれと言うのだ。そして、すごみをきかせる。すると相手は恐怖心に駆られて金を出すと、こういう寸法だ。

ところが、いつもそううまくいくとは限らない。相手は言う。

「そんな……金なんて持ってないです」

そういうときにはどうするか。例えばこう踏みこむ。

「そんな綺麗なバッグ持っているじゃないか。金がないわけないだろ。黙って出せよ」

そしてまた、すごみをきかせるのだ。

こういう「やり取り」をするのだ。

会社員でいえば、営業活動である。ところが、この少年はこういう営業活動が全くできなかった。そのために、「いきなり殴打」という凶悪な展開になったのだ。

凶悪と言えばそうなのだが、少しニュアンスが違うのがおわかりになるだろうか。

通常、凶悪な事件には厳罰に処そう、取締を強化しようということになるが、それでこの問題は解決するといえるだろうか。この少年に必要なのは、対人接触の仕方をしらないことや、対人交渉ができないことへの手当てではないか。つまり、ソーシャル・スキルやコミュニケーション技能についての手当てだ。そして、そういうふうに問題を捉えていく方が、この少年の非行はよく理解できるし、指導法も見えてくるのではないだろうか。

子どもたちの孤立化や社会性の欠如が、昨今の青少年の荒れたこころの背景にあるのではないかと筆者には思えてならない。

子どもたちのケアには何が必要か、どんな指導が求められるか。筆者は三つの方向のケアが必要だと考えている。

ひとつは、深い人間関係を樹立する指導だ。小学生の段階から、親密な人間関係をつくるような指導が求められるのではないだろうか。

二つ目は社会化の促進だ。現代の若者には、あまりに社会を知らない人たちが多いことに驚かされる。社会についての無知と、社会性の乏しさだ。社会性を身につけるような指導の必要性が痛感される。

そして、三つ目は、表現教育だ。今の子どもたちは、「むかつく」「キレる」に代表されるような、非常にあいまいな表現を多用する。自分の気持ちや考えをきちんと言葉で表現できるようにするということは、コミュニケーション技能を高めるのみならず、フラストレーションの低減という点でも大きな意味を持つはずだ。

我々は頭の中で言葉を使ってものを考えている面がある。特に論理思考はこの様相が強い。そして、言葉による思考を通して自分の情動をコントロールできる場合も多いのだ。したがって、言葉によってきちんと自分の気持ちや考えを表現できるようになることは、キレることを回避するためにも必要と考えられる。言葉の重要性を再認識すべきだろう。

家族のカウンセリングをしていると、暴力的な問題行動によく出会う。暴力が問題になっている子どもは、殆どが家庭内で親から暴力を受けている子どもたちだ。体罰やそれに近い対応を受け続けると、人間は暴力で問題解決をすることを学習してしまうのだ。

予防策は、親も言葉を大切にすることだ。子どもが暴力的になっている時は、「今怒っている」「腹が立っている」と言葉で表現するように導いてみよう。そして、話し合う。感情を言葉に換えて、その言葉をコントロールすることによって、感情を制御するのである。

また、暴力とともに嘘をつく子の問題がよく取りざたされる。嘘をつく子の多くは、言葉そのものに信頼を置いていない。こういう子どもたちの大半は、親から言葉によって守られてこなかった子どもたちだ。日常的に、親や周囲が約束を破ったり、嘘をついたりしてきたのだろう。だから、平気で嘘をつく。他者に嘘をつくだけではない。自分自身にも嘘をついているのだ。このような子どもへの対応でも言葉を重視し、「言葉で守ってやる」ことが重要である。言葉で欺かないこと。言葉でねぎらい、言葉でほめ、言葉で一緒に考えていくことだ。大事なことは、家庭内の良好な言語コミュニケーションを活性化させることなのだ。

ここまで全章を通して家族の実態やその深層心理をつぶさに見てきた。テーマは家族のしがらみだ。すでに繰り返してきたように、しがらみという言葉は、通常、まとわりつくものというネガティブな意味で使われるが、元来、「しがらみ」は、川の勢いをゆるめて我々の生活を守るものだった。その意味で、家族はまさに本来の意味でのしがらみでなければならない。

あせる必要はない。むしろあせりは禁物だ。本書をじっくりお読みいただきたい。少しずつ自分の土台を築きながら、今まで見たくないと思っていた自分自身や家族と向かい合う勇気を持とう。それがしがらみを守りとしてのしがらみに変えることにつながるのだ。家族のしがらみに悩んでいる人に、本書が少しでもお役に立てば幸いである。

最後に、筆者を温かく励まし、緻密な編集作業をしていただいた新潮新書編集部の門文子氏にこころから御礼申し上げたい。

——参考事項

家族を対象にした心理の民間資格に、家族相談士と家族心理士がある。もし、興味のある方は、「家族心理士・家族相談士資格認定機構」のホームページ（http://kazokushinrishi.jp/）をご覧いただきたい。

また筆者は特定非営利活動法人「子どもと生活文化協会」（http://www.clca.jp/）でひきこもりの家族療法を行っている。

なお、家族心理学・家族療法に関する学会としては日本家族心理学会（http://www.jafp-web.org/）と日本家族研究・家族療法学会（http://jafft.org/）がある。

◆参考文献◆

秋山さと子『ユングの心理学』講談社、一九八二年
レノア・E・ウォーカー『バタードウーマン　虐待される妻たち』（斎藤学監訳、穂積由利子訳）、金剛出版、一九九七年
氏原寛他編『心理臨床大事典』培風館、一九九二年
大原健士郎他編『講座異常心理学3　思春期・青年期の異常心理』新曜社、一九八〇年
岡堂哲雄他編『家族心理学事典』金子書房、一九九九年
小此木啓吾『エロス的人間論　フロイトを超えるもの』講談社、一九七〇年
河合隼雄『ユング心理学の展開（河合隼雄著作集2）』岩波書店、一九九四年
岸見一郎『アドラー心理学入門』KKベストセラーズ、一九九九年
ヤーコプ・グリム、ヴィルヘルム・グリム『グリム童話（下）』（池内紀訳）、筑摩書房、一九八九年
ベツィー・コーエン『嫉妬　女のホンネと心理』（阿川佐和子訳）、三笠書房、一九八九年
小森康永・野口裕二・野村直樹編著『ナラティヴ・セラピーの世界』日本評論社、一九九九年
コレット・ダウリング『母と娘という関係』（瀬戸内寂聴監訳）、三笠書房、一九九四年
坪内順子「女性の人生危機」森武夫・郷古英男編著『日本型・少年非行　青年の危機と成長』創元社、一九八二年

野口裕二『物語としてのケア　ナラティヴ・アプローチの世界へ』医学書院、二〇〇二年
野田俊作監修『実践カウンセリング　現代アドラー心理学の理論と技法』ヒューマン・ギルド出版部、一九八七年
松岡洋一・小林剛編『現代のエスプリ４８２　ロールレタリング（役割交換書簡法）』至文堂、二〇〇七年
間庭充幸『犯罪の社会学　戦後犯罪史』世界思想社、一九八二年
村尾泰弘『家族臨床心理学入門　精神分析からナラティヴ・セラピーまで』北樹出版、二〇一四年
山中康裕『臨床ユング心理学入門』ＰＨＰ研究所、一九九六年

イラスト　畠山モグ

村尾泰弘　1956（昭和31）年大阪府生まれ。横浜国立大学大学院修了。家庭裁判所調査官として17年勤務したのち立正大学社会福祉学部教授。臨床心理士しても活動。著書に『家族臨床心理学入門』等。

Ⓢ新潮新書

676

家裁《かさい》調《ちょう》査官《さかん》は見《み》た

家族《かぞく》のしがらみ

著　者　村尾泰弘《むらおやすひろ》

2016年7月20日　発行

発行者　佐藤隆信

発行所　株式会社新潮社

〒162-8711　東京都新宿区矢来町71番地
編集部(03)3266-5430　読者係(03)3266-5111
http://www.shinchosha.co.jp

印刷所　株式会社光邦

製本所　憲専堂製本株式会社

ISBN978-4-10-610676-7　C0211

価格はカバーに表示してあります。